마음이 마음대로 안 되는 사람들을 위한 심리학

# 마음이
# 마음대로 안 되는

# 사람들을 위한
# 심리학

심리학이
들려주는
마음에 대한
이야기

폴커 키츠, 마누엘 투슈 지음
김희상 옮김

북라이프

**김희상**

성균관대학교와 동 대학원에서 철학을 전공했다. 독일 뮌헨 루트비히막시밀리안 대학교와 베를린 자유 대학교에서 헤겔 이후 계몽주의 철학을 연구했다. 《양심이란 무엇인가》, 《늙어감에 대하여》, 《사랑은 왜 아픈가》, 《왜 세계는 존재하지 않는가》 등 100여 권의 책을 번역했고 어린이 철학 책 《생각의 힘을 키우는 주니어 철학》을 썼다.

마음이 마음대로 안 되는 사람들을 위한 심리학

1판 1쇄 인쇄   2020년 12월  2일
1판 2쇄 발행   2023년  4월 26일

**지은이** | 폴커 키츠, 마누엘 투슈
**옮긴이** | 김희상
**발행인** | 홍영태
**발행처** | 북라이프
**등 록** | 제313-2011-96호(2011년 3월 24일)
**주 소** | 03991 서울시 마포구 월드컵북로6길 3 이노베이스빌딩 7층
**전 화** | (02)338-9449
**팩 스** | (02)338-6543
**대표메일** | bb@businessbooks.co.kr
**홈페이지** | http://www.businessbooks.co.kr
**블로그** | http://blog.naver.com/booklife1
**페이스북** | thebooklife
**ISBN** 979-11-91013-06-1   03180

　《심리학 나 좀 구해줘》(Psycho? Logisch!)가 독일에 이어 세계적 베스트셀러가 되자 한 언론사 기자가 찾아왔다.

　"이 책이 베스트셀러가 된 이유가 뭘까요?"

　사실 이 정도로 책이 잘 팔릴 줄 몰랐기에 놀란 터였다. 다만 독자들을 만나고 이메일을 수천 통씩 받고 나서 하나는 분명히 깨달았다. 그래서 이렇게 대답했다.

　"우리 주변에 의외로 초보 항해사가 많아서일까요?"

　초보 항해사는 꾸준히 노를 저으면 언젠가는 목적지에 다다를 거라고 생각한다. 그래서 날씨나 바다에 상관없이 오로지 한 방향으로 돌진한다. 비바람이 몰아쳐도 열심히 노만 젓고, 해협이 나타나도 속도를 늦추지 않는다. 그런데도 목적지에는 제때

도착하지 못한다. 가끔 위험한 사고에 휘말리거나 바다를 표류하기도 한다. 하지만 경험이 많은 선장은 다르다. 잔잔한 바다 어디에 암초가 있고 어느 곳에서 파도가 거세지는지 훤히 꿰뚫고 있다. 그래서 적절히 속도를 줄이거나 조금 멀더라도 필요하면 돌아서 간다. 그런데도 결국엔 초보 항해사보다 더 빨리, 덜 힘들게 목적지에 도달한다.

사람도 비슷하다. 평온해 보이지만 여기저기 암초와 해구가 숨은 바다처럼, 이성적이고 논리적인 것 같은 사람의 마음도 알고 보면 오류투성이다. 이를 무시하고 무작정 돌진하면 예상치 못한 파도에 휩쓸려 표류할지도 모른다. 다른 사람의 마음을 움직이고 싶다면 저도 모르게 멋대로 움직이는 마음의 법칙을 잘 알아야 한다. 바다를 구석구석 알고 있어 여러 상황에 적절하게 대처하는 경험 많은 선장처럼, 생각의 오류와 심리 법칙을 많이 알수록 효과적인 방법으로 원하는 바를 더욱 쉽고 빠르게 이룰 수 있기 때문이다. 노력했는데도 기대했던 결과를 얻지 못하는 것은 사실 노력이 부족해서가 아니다. 심리를 얼마나 잘 알고 활용하느냐의 문제다.

직장 생활을 보자. 직장에서는 늘 다른 사람을 설득해야 한다. 만약 평소에 사소한 것이라도 칭찬해 왔다면 상대방은 이미 나에게 호감을 품고 내 의견에도 호의적으로 반응할 것이다. 이를 '사회적 튜닝'이라고 한다. 우리는 좋아하는 사람의 의견은 잘 받아들이지만 좋아하지 않는 사람의 말은 아무리 논리적이어도 무시하게 된다. 그러니 다른 사람을 설득해야 한다면 완벽한 논리와 근거를 준비하기보다는 상대방을 칭찬하는 데 공을 들이는 것이 좋다. 칭찬을 '아부'라고 폄하해 봤자 될 일만 안 될 뿐이다.

한편 늘 작심삼일로 끝나고 마는 금연이나 다이어트 때문에 속상하다면 '사고 억제의 역설적 효과'를 알아야 한다. 여러 실험 결과, 특정 생각을 하지 않으려고 할수록 역설적이게도 더욱 집착하게 된다는 사실이 증명되었다. 예를 들어 한 애연가에게 일주일 동안 담배를 참으라고 하자, 참지 않은 비교 그룹보다 담배를 훨씬 많이 피웠다. 담배든 초콜릿이든 아예 생각하지 않으려고 애쓰기보다는 압박감을 내려놓고 마음을 편안히 하는 것이 더 효과적이다.

만약 좋아하는 사람의 마음을 얻고 싶다면? 그 사람에게 "저만 보면 얼굴이 빨개지네요. 괜찮으세요?" 하고 말해 보자. 우리는 우리 몸의 흥분 상태조차 쉽게 착각한다.(밸린스 효과) 그래서 얼굴색이 전혀 변하지 않았더라도 얼굴이 빨개졌다는 얘기를 들으면 '저 사람을 볼 때마다 얼굴이 빨개진다고? 저 사람을 좋아하는 건가?' 하고 생각하게 되는 것이다.

어떤 선택을 해야 하는 경우 아무 이유가 없더라도 그저 '좋다'라는 느낌에 따르는 편이 훨씬 후회가 적다.(자기 성찰) 무의식적으로 느끼는 감정은 강력하지만 의식적으로는 포착될 수 없기 때문이다. 그런데도 꼼꼼하게 따지겠다며 애쓰다가 결국 다른 것을 택한다면 나중에 크게 후회하고 만다.

한편 양보받고 싶을 때에는 꼭 '왜냐하면'이라고 덧붙이는 것이 좋다.(플라세보 정보) '왜냐하면'이라는 말에는 합당한 이유가 뒤따른다는 사실을 수없이 경험했기 때문에 이야기 내용에 주목하기보다는 형식만 파악하고 그 부탁을 들어주기 때문이다.

이뿐만 아니다. 이 책에는 일과 사랑, 돈이나 인간관계 등 살아가면서 누구나 고민하는 문제들에 관한 가장 현실적이고 효과적인 심리 법칙들이 실려 있다.《심리학 나 좀 구해줘》의 성공 이후 만난 수많은 독자들은 책을 통해 알게 된 심리 법칙들 덕분에 그동안 왜 같은 실수를 반복해 왔는지 깨달았고 문제를 잘 해결할 수 있었다며 고마워했다. 그럴 때면 심리학자로서 역할을 한 것 같아 다행스러웠다.

독자들은 언제나 유용한 심리학적 해답을 더 많이 알고 싶어했다. 적을 내 편으로 만들려면, 연봉 협상에서 유리해지려면, 슬쩍 묻어가려는 무책임한 팀원을 잘 다루려면, 어중간한 관계를 확실히 연인 사이로 발전시키려면……. 풀기 어려운 고민은 생각보다 많았고, 인간관계부터 연애, 외모, 돈, 일에 이르기까지 그 종류도 다양했다. 그래서 우리는 이 책을 쓰기로 결심했다.

미국 작가 마크 트웨인이 말했다. "만약 당신에게 망치밖에 없다면 모든 문제를 못으로 보게 될 것이다." 단 하나의 심리 법칙만 알 경우, 문제를 파악하는 단계에서부터 오류를 저지를 수 있다는 뜻이다. 그러므로 오류를 줄이기 위해서는 쓸 수 있는 도구, 즉 유용한 심리 법칙을 많이 아는 편이 좋다. 심리학은 수백 년에 걸쳐 수백만의 삶에서 발견되고 실험으로 증명된 마음의 법칙들을 모아 놓은 보물 창고나 마찬가지다. 살아가는 동안 한 번쯤 고민하는 문제의 거의 모든 해답이 들어 있다고 해도 지나치지 않다.

그러니 일, 사랑, 인간관계 등 어디에서든 원하는 바를 얻고 싶다면 이 책에 쓰인 심리 법칙들을 꼼꼼히 읽고 여러분의 것으로 만들길 바란다. 인생을 헤쳐 나갈 때 언제 어디서든 당신을 지켜 줄 아주 유용한 도구가 될 것이다. 여러분이 이 책에서 배운 심리 법칙들로 인생의 수많은 문제들을 풀어 나간 경험을 들려줄 날이 빨리 오기를 바란다.

뮌헨과 쾰른에서
폴커 키츠, 마누엘 투슈

· 제2부 ·

# 돈, 일, 인간관계에서
# 원하는 것을 얻기 위한 마음의 요령들

・ 제3부 ・

# 마음의 작동 원리를 알고 나면 인생이라는 파도타기가 즐거워진다

# 제1부

영원히 고민하는 대신
가볍게 도전하는 삶을 사는 법

# 회사가 지긋지긋해도
# 사표를 못 던지는 이유

### • 부작위 편향 •

직장 생활이 불행하게만 여겨져 떠나려 한다. 이미 다른 제안도 받았다. 물론 새 직장이 100퍼센트 만족스러울지 확신할 수 없다. 옮기려는 회사의 구인 광고에 이런 문구가 나오기 때문이다.

☐ 업무 진행의 자율권 보장
  → 이게 무슨 소리일까? 지금 직장에서도 자주 들었던 말이다. 즉 모든 걸 알아서 잘해 보라? 업무를 기획하고 사무실 관리하는 것까지 모두 혼자 알아서 하라는 말 아닌가.
☐ 역동적인 팀 분위기

→ 아, 귀에 못 박힌 이야기. 직원이 얼마 없으니 머리카락 휘
날리도록 열심히 뛰어다녀라?

□ 책임감 강한 직원 환영

→ 어째서 회사들이란 한결같을까? 초과 근무를 금요일에 할
지 토요일에 할지 혼자 알아서 결정하고 책임져라?

이거 아무래도 가랑비 피하려다 소낙비 맞는 거 아냐 하는 생각에
한없이 불안해진다.

당신이라면 어떤 결정을 내리겠는가?

---

순전히 논리적으로 보자면 사정은 간단하다. 새 직장 역시 안
좋을 수 있다. 그런데 지금 직장은 틀림없이 안 좋다. 이미 신물
나게 겪었으니까. 그러므로 직장을 옮기는 편을 어쨌거나 추천
해 볼 만하다. 그러면 모든 게 나아질 기회가 열리니까.

그런데 도대체 그 논리라는 것이 무엇일까? 현실적으로는 대
개 기존 직장에 머무르는 선택을 한다. 바꾸지 않는다. 그러고
는 불만스러워한다.

대체 뭐가 원인일까?

전부는 아닐지라도 일부는 우리의 관행, 곧 습관의 힘 탓이다.

우리 뇌는 게으른 나머지 새로운 것을 다루는 걸 그리 좋아하지 않는다. 가장 좋은 것은 지금껏 해 오던 대로 죽, 그대로 그냥 가는 거다. 불행해도 변화는 싫다.

그러나 여기에 뭔가 다른 게 작용하고 있다는 조짐도 만만치 않다. 우리는 무엇보다도 적극적인 행동과 아무것도 하지 않는 행위, 곧 부작위 사이의 차이를 주목해야만 한다. 이런 차이는 예방 접종과 관련한 실험에서 잘 드러난다. 참가자들은 당신 아이가 위험한 병에 걸리지 않도록 예방 접종을 해야 한다는 말을 들었다. 그런데 접종은 부작용을 유발할 수 있다. 부작용에 따른 사망은 1만 명 가운데 다섯 명꼴이다. 물론 접종을 받지 않으면 병에 걸려서 1만 명에 열 명꼴로 사망한다. 예방 접종을 하지 않을 때의 사망 확률이 두 배나 높다. 그런데도 대다수 실험 참가자는 아이에게 예방 접종을 해 주지 않는 선택을 했다.

위험을 감수하느니 차라리 아무것도 하지 않으려는 '부작위 편향'(Omission bias)은 수많은 다른 사례에서도 증명된다. 적극적인 행위로 발생할 상해보다 아무것도 하지 않아 발생하는 상해가 덜 나쁘다고 보는 것이 심리학에서 말하는 '부작위 편향'이다. 그냥 내버려 두어 발생하는 상해가 훨씬 커도 우리 뇌는 개의치 않는다.

'부작위 편향'은 도덕과 심리가 함께 빚어내는 현상이다. '도덕적으로' 본다면 실제로 아무것도 하지 않는 게 적극적인 행위보다 덜 위험해 보이는 사례가 많다. 예를 들어 이웃집 남자를 침대에 묶어 놓고 그대로 굶어 죽게 만드는 행위는, 몸져누운 이웃을 돌보지 않아 굶어 죽게 내버려 둔 경우보다 비교도 할 수 없이 거센 비난을 듣는다.

독일 형법 역시 관점이 같다. 고의로 이웃을 침대에 묶어 놓아 굶어 죽게 만드는 행위는 형사 처벌을 받는 범죄다. 그러나 몸져누운 이웃을 돌보지 않은 경우, 이웃에 먹을 것을 제공할 책임은 없다고 형법은 규정한다. 그런 책임은 특정 법적 조건 아래서만 발생할 따름이다. 예를 들어 그 이웃이 그저 어떤 한 사람이 아니라 아버지라고 한다면 사정은 달라진다. 돌연한 사고, 이를테면 아버지가 집 안에서 넘어져 꼼짝도 할 수 없다는 걸 알고도 돕지 않았다면, 이는 분명 형사 책임을 져야 하는 범죄다. 그러나 천천히 굶어 죽어 가는 이웃을 반드시 구해야만 하는 것은 아니다.

물론 특수 사례이기는 하다. 그러나 도덕적으로 볼 때도 아무것도 하지 않는 게 늘 더 나은 선택은 아니다. 예방 접종의 경우는 사망 확률과 직접 연관이 있기 때문에 부도덕한 행위로 비난받을 수 있다. 그런데 앞서 든 직장 문제는 다른 누구에게 손해를 입히는 일이 아니다. 여기서 문제는 오로지 무엇이 나에게 최선의 선택인가다.

그런데 여기서 우리 뇌는 살짝 실수를 저지른다. 두뇌는 많은 경우 아무것도 하지 않는 게 적극적으로 행동하는 것보다 도덕적으로 낫다는 사실을 '안다.' 그리고 우리 뇌는 게으른 탓에 이런 앎을 모든 경우에 적용하는 일반화를 저지른다. 기본적으로 우리는 아무것도 하지 않아야 더 편안하게 여긴다. 심지어 아무것도 하지 않아 바로 자기 자신이 괴로워도 별다른 책임감을 느끼지 않는다.

어떤 특정 상황에 직면할 때 항상 먼저 '이걸 해야 할까 아니면 그냥 놔둘까?' 하고 자문하는 게 좋다. 그래야 '부작위 편향'에 말려드는 일을 피할 수 있다. 아무것도 하지 않아야 더 편안하다고 해서 수수방관하는 잘못은 피해야 한다. 길거리에서 폭행당하는 여성을 보면서 누구도 나서지 않는 것이 대표적인 '부작위 편향'이다.

가장 좋은 방법은 적극적으로 대처할 때 무슨 일이 일어날지 한번 써 보는 것이다. 그리고 반대편에는 아무것도 하지 않아 일어날 일을 써 보자. 이렇게 차분하게, 어느 쪽이 더 큰 위험을 불러올지 판단해 보라. 그러면 그 결정은 그저 단순한 계산 문제에 지나지 않는다.

# 평생 후회하며 살고 싶지 않다면
# 뭐든지 일단 하고 보자

• 반(反)사실적 사고 •

오랜 친구가 전화를 걸어와 다음 달 인도 전역을 누비는 배낭여행을 가겠다고 한다. 그러면서 같이 가고 싶지 않으냐고 묻는다.

당신은 잠깐 고민에 빠진다. 그거 참 멋진 여행이지 않을까. 그러나 다음 달 당신 부서에서 중요한 프로젝트가 시작된다. 하필 이럴 때 빠지는 것은 현명하지 못한 처사가 아닐까. 한편으로는 최근 갑자기 싱글이 되어서 자유를 만끽하고 싶다. 하지만 마침 또 지난주에 어떤 여자를 새로 알게 되었다…….

돈은 좀 모아 놓았다. 그런데 그 돈으로 새 소파를 장만하고 싶기도 하다.

친구의 제안에 아래 중 하나로 대답했다고 하자.

① 좋아.

② 안 돼.


이 결정으로 당신은 행복할까 아니면 불행할까?

① 두 달 후에는?

② 10년 후에는?

---

물론 여행을 떠난 경우에는 그 여행이 얼마나 멋졌느냐에 따라 두 번째 질문의 답이 달라지리라. 여행이 좋았다면 집에 돌아와 낡은 소파를 보며 이렇게 말하지 않을까. "보람 있는 여행이었어. 까짓 낡은 소파야 좀 더 쓰면 되지. 애인은 또 찾으면 되고. 회사에서는 다른 기회가 있겠지."

여행이 실망스러웠다면 모든 것이 달라지리라.

아무튼 결과를 미리 알 수 없기 때문에 당신은 '안 돼.' 하고 여행을 거절할 확률이 크다. 적어도 앞서 살펴본 바에 따른다면! 이른바 '부작위 편향'은 어찌해야 좋을지 모를 때 차라리 아무것도 하지 않는 쪽을 택하게 만든다. 우리는 여행을 가서 손해를 보느니 아무것도 하지 않음으로써 멋진 여행을 놓친 걸 다행스러워한다.

여기서 핵심은 '아무것도 하지 않아 편안한 것이 얼마나 오래 갈까?'이다.

사람들이 다양한 시점에 무엇을 했거나 하지 않은 것을 얼마나 후회하는지 연구한 실험이 있다. 여기에는 늘 비슷한 흐름을 보이는 시간표가 존재한다. 우리는 결과가 나쁜 일을 하고 나면 즉각 후회한다. 그러나 하지 않은 일은 시간이 흐르면 흐를수록 두고두고 후회하는 경향이 나타난다. 먼 과거의 일일수록 한 것보다 하지 않은 일을 아쉬워하는 경향이 짙어졌다. 당신이 아직 114살이 되지 않았고 이제 인생의 절반 정도만 살았다면, 후반부는 전반부에 하지 않았던 일을 후회하느라 많은 시간을 허비할 것이다.

이는 '반(反)사실적 사고'(Counterfactual thinking) 때문이다. 어렵게 생각할 필요 없다. 그저 '만약 그때 그랬다면 어땠을까?' 하고, 과거 그대로가 아니라 선택하지 않았던 것을 더 매력적으로 바라보는 게 '반사실적 사고'다.

'반사실적 사고'는 가설과는 다르다. 아직 일어나지 않은 일을 그려 보며 '그럴 수 있지 않을까.' 하고 생각해 보는 것이 가설이다. 이를테면 내일 아침 회의 도중 사장이 갑자기 빵 터져 사라지면 좋겠다는 공상은 가설이다. 그저 모든 일이 가능해지는 상상일 뿐이다. 그러나 과거를 돌이켜 보며 하지 않은 일을 생각하는 것은 '반사실적'이다. 과거는 바꿀 수 없기 때문이다. '반사실적 사고'라는 개념이 암시하듯, 현실과는 반대로 과거를 요리조리 바꾸어 보는 것은 강한 위력을 발휘한다.

어쨌거나 '반사실적 사고'에는 좋은 점도 하나 있다. 과거로부터 배우는 일이다. 그러면 다음번에 우리는 더 잘 준비할 수 있다.

그러나 우리는 배움을 원하는 게 아니라 행복을 갈망한다! 우리 머릿속에 그려지는 시나리오는 현실보다 좋거나 나쁠 수 있다. 이에 따라 '반사실적 사고'는 우리에게 좋은 기분을 선물하거나 씁쓸한 회한을 안길 수도 있다. 기뻐하든 후회하든 문제는 결국 우리 자신에게 달렸다. '반사실적 사고'는 우리가 활용하기 나름이다. 적어도 이론상으로는 그렇다.

그러나 현실(!)은 전혀 다르다. 우선 우리는 타인의 행동보다는 주로 내 행동을 두고 상상한다. 둘째, 나빠지기보다는 좋은 쪽으로 흘러가는 상황을 그려 보길 좋아한다.

그리고 셋째로 우리는 '만약 내가 그러지 않았다면'보다는 '만약 내가 그랬다면' 하고 생각하는 경향이 강하다. 인도 여행을 예로 들어 보자. 시간이 흘러 당신은 '친구를 따라 배낭여행을 갔더라면' 일어날 수 있었을 모든 일을 상상하기 시작한다.

어쩌면 인도에서 새 직업, 새 파트너, 심지어 새 소파까지 찾아 냈을 수 있다. 아예 인도에 눌러앉아 소파 따위는 안중에도 없는 인생을 살아갔을 수도 있다. 모든 가능성을 열어 주는 이 '어쩌면' 일어났을 수도 있었을 일을, 당신은 생애 마지막 날까지 후회만 할 수도 있다.

강조해 두지만 장기적으로 볼 때 우리 뇌는 놓쳐 버린 일을 가장 끔찍이 아끼며 두고두고 생각한다.

물론 절대적으로 그렇다는 것은 아니다. 다만 그런 경향은 분명 있다. 이제 '반사실적 사고'라는 심리를 알았으므로 과거에 망설였던 일을 생각할 때면 머릿속에서 정확히 어떤 시나리오가 그려지는지 따져 보자. 하지 않았던 일을 아쉬워하기보다는 했더라면 나빠졌을 수도 있다고 생각이 바뀔지도 모른다. 그러면 바꿀 수 없는 과거에 한탄하며 시간을 허비하는 일은 막을 수 있다.

사실 여기에서 가장 중요한 깨달음은 이것이다.

하라!

인도로 배낭여행을 떠나라! 친구가 칵테일 바에서 한잔하자거든 "좋아!" 하고 흔쾌히 대답하라. 새 직장을 잡을 기회가 오면 받아들이라. 새 집, 스페인어 공부, 모두 기꺼이 받아들이라.

"좋아."라는 대답은 인생을 더욱 흥미롭게 만들 뿐만 아니라 장기적으로 당신을 행복하게 해 준다.

"좋아." 하고 말하면 해를 거듭할수록 행복이 커진다.

# '나는 역시 뭘 해도 안 돼.'라는
# 악순환에 빠지지 않는 법

**• 학습된 무기력 •**

월요일 아침, 사장이 업무를 분담해 준다. "다음 주 제 연설에 필요하니 아시아 프로젝트 자료를 취합해서 보고해 주세요."

수요일 오후, 당신이 제출한 보고서를 사장이 물끄러미 들여다본다. "이걸 하느라 지난 이틀을 허비한 겁니까? 제정신이에요? 우리 사업 확장 계획을 만천하에 떠들란 말인가요? 다음 주 연설은 직원 동기 부여를 위한 겁니다. 다시 해 보세요. 지금은 나도 뭐라고 고쳐 줘야 할지 모르겠네."

수요일 저녁, 사장이 덧붙인다. "아, 기한은 금요일까집니다. 그럼 주말에 읽어 볼 수 있겠죠?"

목요일 아침 8시 30분, 사장이 소리친다. "내 연설 자료 잊지 마요. 다음 주지 2년 뒤가 아니에요!"

목요일 오전 10시, 사장이 메모를 한 장 전달한다. "주님, 원컨대 제발 제가 굴욕을 맛보지 않게 하소서."

월요일 저녁, 사장이 연설을 시작하면서 말한다. "유능한 직원 한 분이 여기 아주 흥미로운 정보를 준비해 줬어요. 그런데 지금 막 생각이 바뀌었습니다. 오늘 우리는 전혀 다른 이야기를 해야 할 거 같군요."

어째 익숙하지 않은가? 이럴 때는 대체 어떻게 하면 좋을까?

---

만약 당신이 개라고 가정해 보자. 어떤 종이든 당신 마음에 드는 것을 고르라. 철망 우리 안에 앉아 있는데 전기 충격이 가해진다. 옆에 조그만 스위치 같은 게 보인다. "아, 저거라면 전원을 끌 수 있겠다!" 하고 짐작한 당신은 스위치를 누른다.

한 번, 두 번.

세 번.

아무 반응이 없다. 전기 자극은 당신이 무얼 하든 상관없이 왔다가 사라진다.

그러다 갑자기 다른 우리로 옮겨진다. 두 우리는 연결되어 있어 전기 자극은 계속된다. 우리 한쪽 면에 난 조그만 쪽문이 보인다.

이제 어떻게 하겠는가?

실험에서 진짜 개는 아무것도 하지 못했다. 그저 바닥에 엎드려 낑낑거리며 처량한 소리만 냈다. 두 번째 우리에 난 쪽문으로 빠져나가면 전기 자극도 사라지고 좋았을 텐데. 왜일까? 어떻게 해도 전기 자극을 피할 수 없다는 것을 개가 배웠기 때문이다. 이런 학습 효과 때문에 개는 나중에 아무것도 하지 않고 지레 포기하고 말았다.

말하자면 자신이 무기력하다는 것을 학습한 셈이다.

미국 심리학자 마틴 셀리그먼의 이 실험은 유명하다. 그는 비교를 위해 또 다른 그룹을 만들었다. 이 그룹에 속한 개의 첫 번째 우리에서는 스위치가 제대로 작동했다. 그것을 누르면 실제로 전기 자극이 멈췄다. 개는 스위치를 누르면 된다는 걸 빠르게 배웠다. 두 번째 우리로 이동한 후에도 다시금 전기 자극을 피할 방법을 찾아냈다. 기분 나쁜 전기 자극을 막을 수 있다는 걸 이미 체험한 개는 그냥 쪽문을 통과해 도망가면 된다는 사실을 알아냈다.

셀리그먼은 첫 번째 그룹의 운명을 '학습된 무기력'(Learned helplessness)이라 불렀다. 부담스러운 상황을 막아 낼 수 없다는 무기력을 경험한 사람은 결국 저항하려는 모든 시도를 포기한다. 본래 간단히 피해 버릴 수 있는 일인데도 무력감에 사로잡히고 만다.

이제 당신은 인간으로 되돌아왔다. 개가 되었을 때 겪은 상황이 어째 우리 인생에서도 익숙하게 느껴지지 않는가? 누군가 이렇게 중얼거리는 말도 자주 들을 수 있다. "뭘 하든 아무 소용 없어. 전부 엉망이야. 지금 이 상황에서 내가 할 수 있는 건 아무것도 없어."

'학습된 무기력'은 다른 실험을 통해 인간에게서도 고스란히 확인되었다. 개에게 했던 것과 비슷한 실험이 아기를 상대로 이루어졌다. 아니, 물론 전기 자극을 주지는 않았다. 아기가 누운 요람을 흔들었더니 놀란 아기가 울음을 터뜨렸다. 그런데 머리를 움직이면 베개 속에 든 센서가 흔들림을 멈추게 했다. 많은 아기가 흔들림을 막을 방법을 이내 알아냈다. 그러나 두 번째 그룹의 베개에는 센서가 없었다. 두 그룹의 아기는 개와 똑같이 반응했다. 두 번째 그룹은 낙심한 나머지 아무것도 하지 않고 누워만 있었다. 어른인 우리도 이와 다르지 않다.

다시 사장 이야기로 돌아가 보자. 우리는 제멋대로 구는 사람의 횡포에 속수무책으로 노출되면 실제로 무기력에 사로잡힌다. 이 경우 문제는, 해결책을 찾기도 전에 지레 포기한다는 점이다. 아무런 탈출구가 없다고 절망한 나머지 우울증에 걸리는 경우도 왕왕 있다. 곰곰이 따져 보면 해결책이 있는데도 당사자는 절망에서 헤어 나오지 못한다. 사장의 전횡을 꼼꼼하게 기록해 두었다가 노동청에 고발한다든지, 직장을 옮긴다든지, 노력하면 방법은 찾을 수 있다. 그런데도 우리는 이렇게 생각한다. "내가 뭘 하든 저 위에는 통하지 않아."

계속된 연구를 통해, 얼마나 쉽게 무기력에 사로잡히느냐는 바로 우리 자신에게 달려 있기도 하다는 사실이 밝혀졌다. 자신이나 타인의 행동 원인을 찾으려는 '귀인(歸因) 양식'이 어떻게 작용하느냐에 따라 사안을 바라보는 관점이 얼마든지 달라질 수 있다.

저런 사장 아래에서 어떤 사람은 이렇게 생각한다. "나는 누구에게도 인정받지 못할 거야. 사장이 누구라도 똑같아. 도대체 나는 할 줄 아는 게 없어. 모든 게 엉망이야." 그러나 이렇게 생각하는 사람도 분명 있다. "사장은 정말 돌아이야. 자기가 뭘 원하는지도 몰라. 앞으로는 원하는 게 정확히 뭔지 꼼꼼하게 확인해야겠어."

첫 번째 사람에게서 나타나는 '귀인', 곧 행동 요인은 '고착 요인'과 '내적 요인' 그리고 섣부른 일반화다. 그는 자신이 겪은 불행의 원인을 자기 자신에서(내적 요인) 찾으며 변할 수 없고(고착 요인) 다른 사람과 다른 상황에서도 마찬가지일 거라며 일반화한다. 반대로 두 번째 사람에게서는 역동적인 외적 요인이 엿보인다. 이 사람은 원인이 외부(사장)에 있고 그저 지나가는 일이며 다음에는 전혀 다를 수도 있다(역동적)고 믿는다. 하나의 똑같은 사건을 놓고도 사람들은 이처럼 완전히 상반된 해석을 내놓는다.

두 번째 사람이 훨씬 건강하다. 첫 번째 사람은 쉽사리 무기력에 사로잡히며 그 결과 우울증에 걸리기도 한다. '학습된 무기력'이야말로 우울증에 빠지는 가장 큰 원인이다. 그리고 당연히 타성에도 사로잡힌다. 자신이 무력하다고 느끼는 사람은 절대 동기 부여가 되지 않기 때문이다.

지금까지 살펴본 것은 일상생활에도 도움이 될 수 있다. 누군가에게, 예를 들어 직장이나 가족, 학교, 동호회에서 누군가에게 동기 부여를 해 주고 싶다면, 상대가 '나는 뭘 하든 안 돼!' 하고 느끼지 않도록 주의해야 한다. 오늘은 이랬다 내일은 저랬다 제멋대로 굴지 않고 항상 상대의 말을 귀담아 들어 주는 것도 좋은 방법이다.

또한 우리는 '학습된 무기력'을 예방할 수도 있다. 규칙적으로 자신의 '귀인 양식'을 점검하자. 어떤 불행이라도 그 원인은 다른 사람이나 주변 환경에 있을 수 있다. 지나가는 일일 뿐이라고, 다음엔 다를 거라고 자신을 타이르자. 만약 저 사장 같은 사람이 자기가 뭘 원하는지 명확히 말하지 않는다면, 그래서는 안 된다는 것을 깨우칠 때까지 묻고 또 물으라.

# 그것 봐,
# 내가 그럴 줄 알았어!

〰〰〰〰

**• 사후 과잉 확신 편향 •**

〰〰〰〰

————————  ————————

배우자와 함께 여행사를 찾았다. 이번 휴가엔 남쪽 어딘가로 멋진
여행을 떠나고 싶다.

"흠, '신축 건물'이라, 괜찮을 것 같네." 내가 말한다. "공항에서 멀
지 않다니 시간도 절약할 수 있을 거 같아."

"잘 모르겠는데." 배우자는 미심쩍은 표정이다. "아무래도 거기
굉장히 시끄러울 거 같아."

"에이, 말도 안 돼." 내가 우긴다. "시끄러운 곳에 호텔을 짓겠어?
누가 그런 멍청한 짓을 할까, 안 그래, 여보?"

배우자는 잠시 말이 없다.

"그리고 여기 좀 봐. '현지 스타일 인테리어'와 '전통 음식', 정말 이 나라를 많이 알 수 있을 거 같은데." 나는 얼굴을 빛내며 말한다.

"이 호텔은 '젊은 서비스'로 유명하죠." 여행사 직원이 놓칠세라 덧붙인다. "요즘엔 조금이라도 젊게 즐기는 걸 가장 좋아하죠, 그렇지 않나요?"

나는 고개를 반복해서 끄덕인다.

"알았어, 당신이 책임져." 계약서에 서명하면서 배우자가 말한다.

넉 주 뒤, 공항에서 호텔까지 거리는 걸어갈 수 있는 정도다. 방에 있는 단출한 나무 침대에서는 공항에 착륙하고 이륙하는 모든 비행기 소리가 들린다. 근처 공사판에서 하루 종일 시끄럽게 들려오던 굴착기 소리는 밤이 되어서야 간신히 멈춘다.

'전통 음식'이라는 건 올리브와 식빵이며 '젊은 서비스'란 호텔 주인의 10대 초반 자녀 둘이 일한다는 뜻이다. "이건 아동 착취야!" 배우자는 아이들을 볼 때마다 볼멘소리로 중얼거린다. 현지 가이드는 안타깝게도 독일어라고는 한마디도 할 줄 모른다.

"그거 봐, 내가 뭐라고 했어?" 배우자는 식사를 하며 의기양양하게 외친다. "이 호텔은 완전히 잘못된 선택이야. 여행 안내 책자만 봐도 알 수 있었다고. 다음에는 내가 결정할 거야. 알았어?"

어째 익숙하지 않은가?

---

그럴 줄 알았다고! 왜 더 일찍 얘기해 주지 않았을까? 그렇다, 미리 좀 더 꼼꼼하게 따졌더라면 충분히 막을 수 있는 참사가 아니었을까? 그러나 당신과 배우자만 그런 건 아니다.

누구나 잘못된 선택을 한다. 일이 벌어지기 전에는 저마다 자신이 더 잘 안다고 생각한다. 또 자신은 그런 선택을 하지 않았을 거라고 믿는다. 모두 스스로를 과대평가하는 통에 벌어지는 일이다. 이를 심리학에서는 '기만적 우월감'(Illusory superiority)이라고 한다. 우리 모두 이런 환상에 시달린다는 건 사실 그다지 놀랍지 않은 이야기다.

그러나 우리 기억이 모든 가능한 일을 꾸며 가면서 '언제나 이미 아는 것'처럼 으스댄다는 것이야말로 대단히 흥미로운 현상이다. "그것 봐, 내 그럴 줄 알았어!" 하는 이 태도는 '사후 과잉 확신 편향'(Hindsight bias)이라는 그럴듯한 이름으로 불린다.

이를 입증한 수많은 실험 가운데 하나를 살펴보자. 1998년 독일 국회 의원 선거를 앞두고 실험 참가자들이 모였다. 이들은 각자 전문가처럼 선거 결과가 어떻게 나올지, 어느 정당이 몇 퍼센트나 확보할지 전망을 내놓았다.

선거를 치른 후, 참가자들은 신기하게도 그들이 예측했던 사항들을 실제 결과에 훨씬 가깝게 기억하고 있음이 확인되었다. 기억은 그동안 얻은 정보에 놀라울 정도로 유연하게 적응했다.

가능한 모든 분야를 다룬 질문으로 실험은 계속되었다. "연말 주가 지수가 어떨까?"처럼 앞날에 대한 것이나 지식, 예를 들어 "인간 몸에서 수분은 몇 퍼센트일까?" 또는 "19세기 영국과 구르카족의 싸움은 어떻게 끝났는가?" 같은 질문도 있었다. 어떤 질문이든 우리 뇌는 정답에 가깝게 대답을 바꿔 버리는 데 거리낌이 없었다. 물론 '올바른 답'을 알고 난 뒤에!

이미 다 알고 있었던 것처럼 허세를 부리는 '사후 과잉 확신 편향'은 물론 우리 인간이 자신과 다른 사람에게 잘 보이려고 '아는 척'한다는 것만으로는 충분히 설명되지 않는다. 자기 자신의 경우에만 나타나는 현상이 아니기 때문이다. 앞서 예로 든 선거 실험에서, 아무런 전망을 내놓지 않았던 사람에게 이렇게 물어보았다. "다른 사람들은 선거 결과를 어떻게 예측했을까요?" "선거 결과가 사람들이 예상한 대로 나왔다고 판단하나요?" 참가자들은 거의 모두 결과 예측이 매우 쉬웠다고 답했다. 사람들이 상당히 정확하게 예상하고 있었다고도 평가했다. 이를 통해 인간은 타인 역시 많은 걸 알고 좋은 판단을 한다고 신뢰한다는 사실을 알 수 있다.(아직 배우자에게서 이런 모습을 발견하지 못했다고? 조금만 더 기다려 보라!)

좀 더 자세히 들여다보면 남의 의견을 존중하는 이런 태도 역시 결국 자기 자신을 위한 것임을 알 수 있다. 우리는 일반적으로 세상이 예측 가능하며 통제할 수 있는 것이라고 믿고 싶어 한다. 그래야 우리 뇌가 안심할 수 있기 때문이다. 두뇌는 비록 환상에 지나지 않는 것이라도 통제 가능하다고 믿고 싶어 한다. 또 그런 통제 환상을 필요로 한다. 어떤 상황이 도저히 통제할 수 없는 것처럼 보이면 두뇌는 거의 미쳐 버린다.

그래서 하는 충고지만 '사후 과잉 확신 편향'에 이끌려 살얼음판을 걷지 말자. 이런 심리를 알았으니 이제 쉽사리 인지하고 피할 수 있을 것이라 믿을지도 모른다.

유감스럽게도 그렇지는 않다. 실험 '이전'에 '사후 과잉 확신 편향'을 강하게 경고해도 결과는 경고받지 않은 비교 그룹과 다를 바 없었기 때문이다. 결과를 미리 알려 줘도 참가자들은 '사후 과잉 확신 편향'에 현혹되어 여전히 끌려다녔다. 참으로 답답한 노릇이다!

'사후 과잉 확신 편향'을 피할 생각은 아예 하지 말자. 아무래도 지극히 자동으로 실행되는 과정인 모양이다.

그래도 우리는 인생을 위한 교훈을 얻을 수 있다. 배우자나 사장, 동료, 배우자의 어머니가 자신들에게 유리한 쪽으로 기억을 이리저리 꾸며 내더라도 그저 눈감아 주자. 그들도 달리 어쩔 수 없으니까. 그냥 편안하게 받아들이라. "그래, 여보. 당신은 다 알고 있었는데!" 그냥 이렇게 인정해 주자.

# 때로는 가슴이 시키는 대로
# 따르는 편이 도움이 된다

**• 자기 성찰 •**

월세를 알아보고 다니다가 어떤 집을 보고 홀딱 반했다. 너무도 기쁜 나머지 곧장 집주인과 만났다. 기쁘게도 내일 계약서를 쓰기로 했다.

당신은 신이 나서 싱글벙글한다. 그러나 돌다리도 두들겨 보자는 심정으로 그 집의 어디가 좋고 나쁜지 찬반 목록을 만들어 보기로 했다.

※ 찬성

1. 아름다운 원목 마루

2. 멋들어진 욕조

3. 매우 조용한 동네


※ 반대

1. 5층인데 엘리베이터 없음

2. 조금 비싼 월세

3. 지하철역과의 거리

4. 너무 작은 발코니

5. 고작 두 블록 떨어진 곳에 사는 옛 애인

6. 세탁기는 주방에만 설치 가능

7. 더러운 건물 계단


자, 이제 당신의 선택은?

---

어떤 사람이나 물건을 보고 아주 좋은 감정을 품는 경우가 많다. 그런데 대체 왜 좋은지 실질적으로 따져 보면, 그러니까 찬반 목록을 만드는 것처럼 체계적으로 접근하면 돌연 좋은 감정을 뒷받침하는 이유보다 싫은 이유를 더 많이 발견하고는 한다. 반대 경우도 마찬가지다. 나쁜 감정의 원인을 따져 보는데 사실

은 좋은 점이 더 많이 드러나는 것이다.

어째서일까? 이런 경우 우리는 감정에 귀 기울이는 편이 좋을까, 목록을 따르는 편이 나을까?

찬반 목록이란 일종의 '자기 성찰'(Self-introspection)이다. 자신의 내면을 들여다보며 감정과 생각을 낳은 원인을 알아보고 분석하는 태도다.

우리 감정의 진짜 원인을 알아내기란 그리 쉽지 않다. 감정과는 전혀 상관없는 무언가가 '내가 이유'라며 불쑥 나타나는 경우가 드물지 않다. 그래서 진짜 원인은 간과하기 일쑤다. 딱 집어 표현할 수 없는 이유도 엄청나게 많다. 아마도 말로는 전혀 설명할 수 없는 경우도 있지 않을까. 안타깝지만 그런 예를 들어 줄 수는 없다. 예를 든다면 이미 말로 표현하는 것이니까. 아무튼 그런 경우는 틀림없이 존재한다.

찬반 목록에는 한 가지 결정적인 약점이 있다. 목록에는 애초부터 '쉽사리 알 수 있으며 말로 표현할 수 있는 근거'만 올라간다. 그러므로 목록이 당신의 감정과 일치하기는 어렵다. 간단히 말해서 감정의 진짜 원인을 무어라 형언할 수 없기 때문에 빚어지는 현상이다. 종이에 쓰인 것은 진짜 감정의 극히 일부에 지나지 않기 때문에 오히려 혼란만 부추길 따름이다.

여기서 위험한 점은 우리가 목록에 맞춰 생각하려 한다는 점이다.

예를 들어 실험 참가자들에게 배우자와 행복한지, 행복하다면 그 이유를 분석해 보라고 했다. 그러자 이 실험에 참가한 사람들은 훗날 실제로 헤어질 확률이 대단히 높아졌다. 행복을 놓고 요모조모 따져 본 태도가 오히려 행복을 파괴한 것이다.

한편 구내식당에 줄을 선 대학생들에게, 그곳에서 판매하는 특정 소프트드링크를 좋아하는지 물어보았다. 좋아한다고 대답한 학생들을 두 그룹으로 나누어 한쪽에만 이유를 말해 보라고 했다. 근거를 대야만 했던 학생 대부분은 나중에 그 음료를 구입하지 않은 것으로 나타났다.

이 실험은 아주 다양한 물건, 이를테면 퍼즐, 초콜릿, 사진이나 허구 인물, 실제 인물 등을 두고 여러 차례 되풀이되었다. 결과는 늘 비슷했다. 감정을 분석하라고 하면 우리는 혼란에 빠진다. 자기 성찰이 오히려 그 감정을 포기하게끔 자신을 설득해 버린다. 앞에서 예시로 든 집 계약 문제의 경우, 대다수는 다음 날 계약서에 '서명하지 않는다.' 차라리 다른 집을 찾아 나선다.

"그거 나쁘지 않네!" 하고 생각하는 사람도 있으리라. 찬반 목록이 잘못된 결정을 막아 주지 않겠는가.

그러나 사실은 그렇지 않다. 애초 마음에 들었던 집을 계약하지 않은 사람은 며칠 뒤 땅을 치며 후회한다. 집에 홀딱 반했을 때는 분명 '근거'가 있기 때문이다. 다만 그걸 말로 적확하게 잡아내지 못했을 뿐이다. 그런데도 그 근거는 굳건하게 존재하기 때문에 언젠가는 본래 감정이 다시금 꿈틀거리며 기지개를 켠다. 찬반 목록이 주는 효과는 그저 잠시뿐, 이내 사라진다.

물론 감정의 근거를 쉽사리 알 수 있고, 또 말로 간단히 표현할 수 있는 경우도 있다. 이 경우에는 찬반 목록이 감정을 더욱 강하게 만든다. 근거를 더욱 또렷이 인지할 수 있게 해 주기 때문이다. 반면 찬반 목록 따위가 전혀 필요 없는 경우도 많다. 자신의 감정을 전폭적으로 신뢰할 때다.

여기서 우리는 무엇을 배울 수 있을까? 애인을 사랑한다면 묻지도 따지지도 말고 그냥 사랑하라. 대체 '정확히' 무엇 때문에 그 사람이 좋은지 따져 볼 엄두도 내지 말자. 그랬다가는 돌연 사랑이 식어 버리고 만다. 집이나 휴대폰, 여행, 구두 혹은 심지어 반려동물을 두고 갑자기 거미에 푹 빠졌다면 그냥 감정에 충실하자. 이유를 찾아야 할 이유는 없다.

그럼 찬반 목록은 불필요한 데다가 위험하기만 할까? 아니다. 우리 감정이 모호한 경우는 꽤 많다. 집을 둘러보고 왔는데 당최 마음을 모르겠다면 한번 간단히 따져 보는 것도 나쁘진 않다. 최근 들어 어째 애인과 시들해졌다면 상황을 명확히 정리해보는 데 찬반 목록이 도움이 된다.

# 과연 선택지가
# 많으면 많을수록 좋을까?

• 과잉 선택권 •

황금연휴를 맞아 아름다운 호텔에서 푹 쉬고 싶다. 최근 업무로 스트레스를 많이 받았으니 꼭 필요한 보상이다. 벌써 사흘 넘게 인터넷으로 모든 호텔을 면밀하게 살폈다. 정확히 25만 곳을! 어디로 갈지 아직 정하지 않았기 때문에 더욱 둘러볼 곳이 많았다. 호텔만 좋으면 되는데.

사장은 빨리 실적을 내라고 재촉한다. 그러나 당신은 "아직 외주 업체의 보고를 기다려야 합니다!"라든가 "몇 가지 정보가 더 필요합니다!" 하는 식으로 핑계를 대고 있다. 새빨간 거짓말은 아니다. 아무튼 당장 중요한 것은 멋진 호텔에서 보낼 황금연휴다.

마침내 상상하던 것과 딱 맞는 호텔 하나를 찾아냈다! 안도의 한숨이 나온다. 서둘러 '고객 평가'를 클릭했다.

짜잔!

리뷰 6000개:

| | |
|---|---|
| ★★★★★ | 5999개 |
| ★★★★ | 0개 |
| ★★★ | 0개 |
| ★★ | 0개 |
| ★ | 1개 |

자, 이제 어떻게 할까?

---

빌어먹을, 이런 형편없는 호텔엔 가지 않아! 단 하나라 해도 부정적인 평가가 있는 호텔에 대체 누가 묵는단 말인가? 별을 다섯 개 준 고객 5999명은 틀림없이 뭔가에 홀렸을 것이다. 아니면 돈을 받고 리뷰를 써 줬다거나. 그런 일이야 요즘 흔하지 않은가?

그래서 당신은 검색을 계속한다.

결국 2박 3일 묵을 호텔을 찾느라 석 주를 허비했다. 그래도 불만스럽기는 마찬가지다.

현실에 비해서 너무 과장된 것 같은가? 그럴지도 모른다. 아무튼 선택 자체가 거대한 문제가 되어 버렸다. 선택의 문제는 시간을 빼앗으며 우리 행복을 갉아먹는다.

이는 과학으로도 증명되었다. 슈퍼마켓에서 실험이 진행되었다. 가짜 판매대를 만들어 놓고 잼을 시식하게 했는데 작은 판매대에는 여섯 가지 잼을, 큰 쪽에는 스물네 가지 잼을 비치했다. 그 슈퍼마켓은 다양한 제품을 구비해 놓기로 유명했다. 고객은 마음껏 고를 수 있는 자유를 누려야 한다는 것이 그 슈퍼마켓의 지론이었다.

또 실제로 그랬다. 처음에는! 스물네 종류 잼을 진열한 쪽에서는 지나가던 고객의 60퍼센트가 발길을 멈췄다. 여섯 개라는 조촐한 선택지 앞에서는 고작 40퍼센트 고객만 발길을 멈췄다.

그러나 시식 도중에 흥미로운 현상이 나타나기 시작했다. 대형 판매대 쪽에 네 배나 많은 선택지가 있었는데도 평균 시식 제품 가짓수는 작은 판매대와 비슷했다.

시식한 고객은 맛본 잼을 구입하는 데 쓸 수 있는 1달러짜리 상품권을 받았다. 그러자 정말이지 흥미로운 효과가 나타났다. 작은 판매대에서 시식했던 고객은 큰 판매대에서 시식한 고객에 비해 열 배나 많이 잼을 구입했다. 열 배나 더! 큰 판매대 앞에서 더 많은 사람들이 머물렀다는 점을 감안할 때 이는 정말 놀라운 결과였다. 그냥 지나치다가 잼을 구입한 고객 역시 선택지가 적었던 판매대에서 여덟 배나 더 많이 나왔다.

우리 인간은 언뜻 보기에는 많은 선택지에 열광한다. 그러나 자세히 살펴보면 전혀 그렇지 않다. 너무 많은 선택 가능성은 오히려 결국 어느 하나를 선택하기 어렵게 만든다. 심리학에서는 이를 '과잉 선택권'(Overchoice)이라 부른다.

이런 심리는 쇼핑뿐만 아니라 다른 상황에서도 흔히 나타난다. 이를테면 대학생에게 추가 학점을 줄 테니 원하는 사람은 리포트를 쓰라고 한다. 그러면 여섯 가지 주제를 제시받은 학생들이 서른 가지 주제를 제시받은 학생보다 훨씬 많이 리포트를 제출했다. 그리고 내용도 더 뛰어났다.

선택지가 너무 많을 경우엔 나중에 결정을 불만스러워할 공산이 커진다. 정말 모든 걸 주의 깊게 비교했을까? 메모리를 추가하는 대신 사은품은 포기하는 게 낫지 않았을까? 짙은 파란색으로 샀더라면 더 멋져 보이지 않을까? 이런 생각들이 우리를 괴롭히며 좀체 머리를 떠나지 않는다.

이러한 심리 현상은 이미 1970년내에 알려졌다. 물론 이후 상황은 더할 수 없이 나빠졌다. 25만 곳 중에서 호텔 하나를 고르거나 어지러울 정도로 많은 휴대폰 종류를 생각하면 잼 스물네 종류라니, 코웃음부터 나오지 않는가? 인터넷에서 우리를 기다리는 수백만 개의 상품을 생각해 보라. 또 온라인 구인 구직 사이트를 살펴보면 정말 온갖 직종이 넘쳐 난다.

여기서 우리는 무엇을 배울 수 있을까? 만약 고객에게 뭔가를 '팔고' 싶다면 너무 많은 선택지로 불쌍한 고객을 놀라게 하지 말자. 거실 소파를 바꾸고 싶거든 배우자를 가게로 데리고 가서 자랑스럽게 "여기서 뭐든 골라 봐!" 하고 말하는 것은 좋은 방법이 아니다. 그 대신 직접 두 개를 고른 후 배우자에게 결정을 맡기자. 새로운 기술로 제작된 인체 공학 의자가 필요하다면 직접 모델을 고른 후 사장에게 결재를 받자.

또한 선택이라는 함정에 빠지지 않으려면 어떻게 하는 것이 좋을까? 선택의 폭을 좁히라. 추천이라는 해묵은 좋은 방법을 활용해 보자. 친구나 동료에게 어떤 휴대폰 혹은 어느 호텔이 추천할 만한지 물어보라. 오프라인 가게를 찾아가 점원에게 적당한 모델을 추천받자. 메뉴판이 너무 정신없거든 종업원에게 어느 요리가 가장 맛있는지 그냥 물어보자.

그리고 과연 내가 최고의 선택을 했는지 걱정하며 바들바들 떠는 대신 가벼운 마음으로 눈앞에 보이는 것을 받아들이자. 지금 당장 '살짝 매운 양파를 곁들인 탕수육을 먹는 것이 나을지 아니면 양파를 뺀 캐슈너트 치킨을 먹는 것이 나을지' 하는 고민이 1년 뒤 당신 인생에 무슨 도움이 될지 생각해 보라. 500기가바이트가 넘는 스마트폰 저장 공간이 반드시 필요할까? 아마도 아닐 것이다.

그래도 명심해야 할 점은, 되돌릴 수 있는 결정이란 전혀 없다는 사실이다. '영원히'라고 다짐했던 선택 역시 마찬가지다. 오늘날 많은 부부가 갈라선다. 대통령도 탄핵을 당한다. 그럼에도 우리는 모든 결정이 영원해야만 하는 것처럼 고민하고 괴로워한다. 완벽한 해결책을 찾기보다는 편한 마음으로 무언가 '시도'하는 가벼움을 즐겨 보는 것도 나쁘지 않으리라.

# 일상이 끊임없이 재밌어야 한다는
# 사회적 강박에서 벗어나라

• 감각 추구 •

당신이 원하는 완벽한 주말은 어떤 모습인가?


☐  토요일 오전 9시: 공원에서 요가

　　토요일 오후 12시: 국내선으로 베를린행

　　토요일 오후 2시: 베를린 알렉산더 광장 고층 호텔에서 번지점프

　　토요일 오후 3시: 뉴욕행

　　토요일 오후 6시(미국 동부 표준시): 자유의 여신상 횃불 안에서

　　파티

　　토요일 밤: 신나는 클럽 투어

일요일 오전 11시: 마돈나와 아침 식사

일요일 오후 2시: 돌고래와 엘튼 존과 수영하기

일요일 오후 4시: 독일행

월요일 오전 7시(중부 유럽 서머 타임): 공항 도착, 출근(택시에서
옷 갈아입기)


□ 푹 자고, 먹고, 어쩌면 잠깐 영상 감상(너무 피곤하지 않다면!)

---

우리 사회는 갈수록 빨라지고 소란스러워진다. 가끔은 미쳐
돌아가는 것처럼 보일 때도 너무나 많다. 게다가 우리는 끊임없
이 서로를 이기려고 경쟁한다. 직업적 성공을 노려서 그런 것만
도 아니다. 여가를 즐기는 상황에서도 눈을 의심케 하는 모험을
앞다투어 벌인다. 주말에 뭔가 아주 특별한 일을 벌이지 않은
사람은 월요일 아침 이런 질문에 멋쩍은 표정을 짓는다. "주말
어땠어요?"

일터에서 눈에 보이는 실적을 올려야만 한다는 강박 관념은
사생활까지 물들이기 마련이다. 그냥 '아무것도 하지 않고' 편
안히 앉아 쉬려는 사람은 미친 거 아니냐는 손가락질을 받는다.
그래서 온갖 모험 업체가 성업 중이다. 예를 들어 '엄청나게 긴

짚라인 타기'나 '새로운 콘셉트로 사진 찍기' 같은 '체험'을 할 수 있게 해 주겠다며 요란을 떤다.

그러나 이런 현상이 오늘날 시작되었다고 보는 것은 절반만 진실일 뿐이다. 끊임없이 새로운 것을 체험해야만 행복해하는 사람은 예전부터 늘 있었다. 이미 1960년대에 심리학자들은 '감각 추구'(Sensation seeking)라는 심리 현상을 발견했다. 인간은 먹고 마시고 자야 하는 것과 마찬가지로 자극도 필요로 한다. 그리고 먹고 마시고 자는 일과 마찬가지로 자극에서도 다른 사람보다 더 큰 짜릿함을 필요로 하는 이들이 적지 않다. 이들은 일반적으로 '흥분의 정도'가 떨어지면 지루함을 참지 못하고 새로운 자극을 갈망한다. 그렇지 않으면 '금단' 현상에 빠져 몸과 마음의 고통을 호소한다.

연구는 '감각 추구'에 네 가지 서로 다른 영역이 있음을 확인했다.

우선, 위험한 신체 활동을 해야만 직성이 풀리는 '모험 중독'이 있다. 이들은 패러글라이딩이나 번지점프 같은 것이라면 정신을 못 차린다. 오토바이를 타고 거리를 질주하는 폭주족도 이 범주에 속한다.

'체험 중독'에 빠진 사람은 새로운 경험이라면 무엇이든 두 손 들어 환영한다. 출근길을 매번 바꾸거나 전혀 몰랐던 음식

먹기를 즐긴다. 또한 예상할 수 없는 돌발 발언을 일삼는다. '체험 중독자'에게는 좋거나 나쁜 체험이라는 것이 없다. 그저 언제나 '새로운 경험'이 중요할 따름이다.

'자제력 상실 중독'은 짜릿한 감각이라면 참지 못할 정도로 좋아하는 심리다. 고작 몇 잔 마시고 최고로 흥분해 밤새 술판을 벌이거나 마약을 시도한다.

마지막으로, 반복되는 일을 견딜 수 없어 하는 '지루함 혐오 경향'이 있다. 이들은 같은 영화를 두 번 보는 일을 고역스러워하고 한 도시에서 오래 살거나 같은 일을 몇 년씩 하라고 하면 뚜껑이 열린다. 지루한 사람들과 함께 있느니 방을 박차고 나가버린다.

이런 특성들은 사람마다 다르게 조합되어 나타난다. 모든 사람이 자극을 추구하지 않듯, 자극을 추구한다고 해서 모두 같지 않다. 자신의 성향이 궁금한 사람은 이를 위해 특별히 만들어진 감각 추구 성향 테스트로 확인할 수 있다.

그런데 이러한 성향들은 사실 사회의 기대와 맞물려 작용한다. 그 조합은 각기 다른 방식으로 우리를 불행하게 만든다.

주변 사람들이 끊임없이 여행을 다니고 위험한 스포츠를 즐기며 누구 짝이 더 매력적인지 경쟁을 벌이는 통에, 당신 자신은 자극을 추구하지 않는다 하더라도 말하자면 '사회적 강박'에 시달릴 수 있다. 그렇다고 휘말리지 말자. 주말이면 그저 편안히 소파에 누워 쉬는 것도 나쁘지 않다. 또 친구나 동료에게도 그렇게 말하라. 그런다고 해서 무슨 끔찍한 일이 벌어지지 않는다는 사실을 이내 깨달을 수 있다. 당신이 숨 가쁜 여가 활동이라는 쳇바퀴에서 탈출한 걸 주변 사람들은 내심 부러워하리라.

그러나 당신이 '감각 추구'에 이미 사로잡혔다면 정반대 상황에 시달릴 수 있다. 주변 사람들은 왜 꼭 그렇게 살아야만 하느냐고 성화를 부린다. 그런 건 나쁜 유행이라고 입을 모아 빈정댄다. "인생을 낭비하지 마!" "제발 좀 쉬어." "책임감이라는 것도 좀 생각해." 이런 충고에 귀가 따갑다. 그렇다면 다른 사람이 무슨 충고를 하든 어떤 기대를 품든 신경 쓰지 말라. 그저 행복해지기 때문이라고 고백하고 새로운 자극을 찾으라. 평생 차분하게!

먼저 당신은 어떤 유형이며 무엇이 (다른 누구도 아닌) 당신 자신을 행복하게 만드는지 명확히 파악해 보라. 그리고 주변 사람들이 뭐라 하든 당신을 행복하게 만드는 바로 그것을 받아들이라. 그러나 동시에 당신 배우자나 가장 친한 친구가 전혀 다른 성향일 수 있다는 점을 유념하자. 누가 주말에 자유의 여신상 꼭대기에서 칵테일을 마셨다더라는 소문에 흔들리지 말자. 그래서 뭐 어쩌라고. 물론 하루 종일 소파에 누워 그저 하릴없이 빈둥거리는 것도 바람직하지만은 않다. 어쨌거나 무엇이 정상이고 무엇이 비정상인지 성급하게 판단하지 말자. 우리 자신은 물론이고 다른 사람에 대해서도! 주말을 위해서도 평생을 위해서도 조급함은 금물이다.

# 공정한 세상이란
# 존재하지 않는 정의다

• 공정한 세상의 오류 •

산뜻한 바람이 매력적으로 그을린 당신 피부를 부드럽게 감싼다. 눈앞에는 낭만적인 바다가 햇살을 받아 반짝인다. 흡족한 당신은 접이식 의자에 편안하게 기대앉아 콧노래를 부른다.

"우리는 여덟 주 일정에 1250유로밖에 내지 않았어요. 진짜 횡재했어요." 당신이 옆자리 커플에게 자랑스레 말한다.

두 사람은 잠시 마주 보며 웃더니 이렇게 대꾸한다. "정말요? 농담하는 거죠? 엄청나게 줬네요. 우리는 799유로 냈어요. 그것도 여행자 보험과 환영 과일 바구니까지 포함해서요."

다음 네 가지 상황 중 하나일 수밖에 없다.

A. 그 커플이 농담을 한 것이다.

B. 농담은 아니지만, 그 커플은 이미 2년 전 할인 가격에 예약한 것이다.

C. 당신이 지불한 가격이 원래 옵션 없는 정상가다.

D. 그 커플은 실제로 같은 시기에 당신보다 36퍼센트나 싼 가격에 같은 여행 상품을 구매했다.


만약 그 커플의 주장이 사실이라면 불공평한 여행 상품 가격에 항의하는 뜻으로 당신이 소비자원에 신고할 확률은 1부터 10까지 가운데 어느 정도일까?


1 — 2 — 3 — 4 — 5 — 6 — 7 — 8 — 9 — 10
(반드시 한다)                                                    (안 한다)

---

D가 사실이었음이 밝혀진다면 당신은 그 불쾌한 기분을 어떻게 표현하고 무슨 근거를 들어 항의하겠는가?

심리학은 억장이 무너지는 당신의 이런 마음을 '공정한 세상의 오류'(Just-world fallacy) 혹은 '공정한 세상의 가설'(Just-world hypothesis)이라고 부른다. 세상이 공정하리라는 믿음은, 인간은 누구나 자신의 인생을 살고 공헌한 만큼 얻으며 만약 그렇지 않다면 뭔가 바뀌어야만 한다고 보는 생각이다.

'공정한 세상을 믿는 것'이 하나의 심리학 현상으로 불리게 된 이유는 무엇일까?

간단하다. 아무런 근거 없는 잘못된 믿음이기 때문이다.

세상이 공정하지 않다는 것은 우리 주변만 둘러보아도 이내 알 수 있다. 만약 당신이 수백 킬로미터, 아니 심지어 고작 몇 킬로미터 더 떨어진 곳에서 태어나 자랐다면 아마도 지금 당신 인생은 완전히 다른 모습이리라. 이 책을 읽기가 어려웠을지도 모른다. 글자 읽는 법을 못 배웠을지도 모르니까. 또는 전혀 다른 근심을 할 수도 있다. 이를테면 오늘 저녁에는 대체 어디서 얻어먹지? 음식을 얻기 위해 그 어떤 일도 하지 못했는데, 그러니까 조금도 '공헌'하지 못했는데?

상황은 더욱 나쁠 수 있다. 진정한 공정함이란 완전히 불가능하다는 결론까지 나온다. 진정한 공정함이라는 게 도대체 뭘까? 다양한 인간들의 서로 다른 욕구는 물론이고 다른 생명체의 지극히 다양한 욕구는 이루 말할 수 없을 정도로 서로 충돌한다. 심리학자 웨인 다이어는 자신의 책《행복한 이기주의자》에서 이런 상황을 아주 적확하게 묘사했다. "언제나 모든 게 공정하도록 세계가 만들어졌다면 어떤 생명체든 단 하루도 살아

남을 수 없다. 새는 벌레를 잡아먹어서는 안 되며, 누구도 자신의 욕구를 충족할 수 없으리라."

'공정한 세상을 믿는 것'은 자기기만, 이른바 '인지 편향'일 뿐이다. 그러니까 우리는 있지도 않은 정의를 믿는 셈이다.

대체 왜 그럴까? 공평하고 정의로운 세상을 믿고 이를 위해 투쟁하는 사람이 오로지 고귀한 가치만 좇는 것은 아니다. 세상이 공정하다는 믿음에는 지극히 이기적인 동기가 숨어 있기도 하다. 또한 그 믿음은 세상을 통제하려는 욕구가 직접 반영된 결과다. 우리 뇌는 모든 걸 통제할 수 있어야만 평안해진다. 도저히 통제할 수 없어 보이는 현상이 나타난다면 두뇌는 지옥 불에 타는 것처럼 괴로워한다.

그리고 세상이 공정하다는 믿음은 대단히 실용적이다. 공정한 세상은 특정 규칙에 따라, 곧 정의로움의 규칙에 따라 움직이는 세상이기 때문이다. 특정 규칙을 따른다는 것은 예측과 통제가 가능하다는 뜻이기도 하다.

예를 들어 누군가 교통사고로 사망했다거나 우리는 절대 겪고 싶지 않은 아픔으로 힘들어하는 사람이 있다고 하자. 그러면 우리 뇌는 나에게도 그런 일이 일어날 수 있다는 사실을 무조건 부정하려 한다. 이 부정에는 두 가지 가능성이 있다.

우선 희생자를 흠잡으며 이렇게 말한다. "누구 잘못도 아냐,

바로 네 잘못이지." "그러게 왜 차선을 바꿔?" "비가 오는데 누가 그렇게 빨리 달리래?" 적어도 나는 그렇게 행동하지 않을 것이기에 그런 사고는 나에게 일어날 수 없다.

바로 그래서 우리는 중병을 앓는 환자에게서 '위험 요소'를 확인하면 기뻐한다. 그리고 자신은 해당 사항이 없음에 안도의 한숨을 쉰다. 병은 오로지 평소에 위험한 생활 습관을 고집한 사람만 걸린다. 또는 땀 흘려 일하고도 박봉을 받는 많은 사람들을 보면 "그러게, 진작 좀 열심히 살지." 하고 힐난한다. 뭐 다른 걸 배우지 그랬어, 나처럼!

이제 두 번째 가능성을 살펴보자. 희생자에게서 '아무런 잘못'을 찾아낼 수 없다면 그제야 비로소 세상은 '불공정'해진다. 그리고 우리 뇌는 화들짝 놀라 비상 상태에 돌입한다. 어느 날 우리에게도 그런 일이 일어나지 않으리라는 그 어떤 근거도 찾아내지 못했기 때문이다. 그러면 우리는 '정의'를 외치며 세상이 바뀌어야만 한다고 주장한다. 그래야 다시 세상을 통제할 수 있으니까. 예측 가능한 세상이 되어야만 하니까. 그래야만 우리 뇌는 안도한다.

즉 공정한 세상은 환상이다. 게다가 아주 이기적인 환상이다. 이상주의자에게는 너무 쓰라린 현실이다. 그러면 이 냉철한 깨달음으로부터 우리는 어떤 교훈을 얻을 수 있을까?

가장 좋은 태도는 세상이 공정하다는 믿음을 단호히 떨쳐 버리는 것이다. 정말로 공정한 세상은 존재하지 않으며 존재할 수도 없다는 통찰은 우리를 한결 여유롭게 만든다. 사장이 동료의 초라한 실적을 과하게 칭찬해도 아픈 배가 말짱하게 낫는다. 또는 여행 상품에 터무니없는 가격을 지불하더라도…….

이런 평안한 마음은, 인생이 애초에 불공평하다는 사실을 분명히 의식하고 언제 어디서 어떻게 그걸 나에게 유리한 쪽으로 활용할 수 있을지 생각할 때 얻어진다. 사실 오늘날 선진국에서 불공정함을 두고 불평을 일삼는 대다수는 전 세계적으로 비교해 볼 때 바로 그 불공정함의 덕을 보고 있다. 다른 곳에서 태어났다면 전혀 다른 삶을 살았을 것 아닌가. 일상의 소소한 일에도 동전과 같은 양면이 있음을 잊지 말자. 인생을 살아가며 누구나 언젠가 한 번은 싼값에 횡재를 누리며 동료가 받아야 마땅할 칭찬을 가로채기도 하지 않는가. 그러니 흥분할 것 없다. 내가 당한 불공정함이 누군가에게는 공정함으로 돌아가리라고 생각하고 그냥 잊으라.

이런 여유롭고 평안한 자세는 우리가 실제로 바꿀 수 있는 것부터 바꿔 나갈 힘을 준다. 흔히 우리는 바꿀 수 없는 것은 한사코 바꾸려 하며 바꿀 수 있는 것은 팽개쳐 둔다. 남이 바뀌기 바라는가? 당신 자신부터 바꾸라! 물론 이런 통찰이 언제나 모든 걸 감수해야만 한다는 의미는 아니다. 실제로 우리는 인생의 많은 부분을 조금 더 정의롭게 바꿔 갈 수 있다. 먼저 현실을 현실로 받아들인 뒤에야 비로소!

# 티끌만 한 차이가
# 그렇게 중요해?

새 텔레비전이 필요하다. 전자 제품 매장을 둘러보던 당신은 놀라울 정도로 빠르게 모델 하나를 선택했다. 하얀색이라 집 인테리어와 잘 맞을 것 같다. 화면이야 다른 제품과 무슨 차이가 있을까 싶다. "화면이야 뭐, 다 그게 그거지." 당신은 가벼운 마음으로 이렇게 중얼거린다. 그런데 목소리가 조금 컸나 보다. 득달같이 매장 직원이 달려온다.

"그게 그거라뇨? 전혀 그렇지 않습니다." 마치 무식을 경고하기라도 하는 표정이다. "예를 들어 여기 이 제품은 화신호 주파수가 200헤르츠이고 저기 저 제품은 400헤르츠예요!"

당신은 그래서 어쩌라는 듯 어깨를 움찔하고는 두 제품의 설명서를 자세히 들여다본다. 정말 그렇다. 하나는 200헤르츠, 다른 것은 400헤르츠. 두 배다! 그런데 다른 모델은 검은색이다.

이제 어떡해야 좋을까?

---

당신도 여느 사람과 같다는 전제 아래, 그 전까지 텔레비전 화신호 주파수 같은 건 깊이 생각해 본 적 없으리라. 우리는 대개 우리가 사용하는 제품들의 사양이 정확히 어떤지, 또 왜 필요한지 거의 모르고 산다. 비교를 하지 않았더라면 절대 알 수 없었으리라.

그런데 이 비교라는 것이 과연 좋을까?

고전의 반열에 오른 실험 하나가 있다. 힘겨운 전자 제품 쇼핑과는 전혀 관계가 없다. 한 그룹 참가자들은 그저 인생을 살며 겪었던 부정적인 경험을 기억해 보는 대가로 초콜릿을 15그램 받았다. 다른 그룹 참가자들은 기뻤던 경험을 떠올려 보고 초콜릿 5그램을 받았다.

그 후 아래 문항을 보고 -4(매우 나쁨)에서 +4(아주 좋음)까지 점수를 매겼다.

□ 좋은 경험을 떠올린 사람들과 나쁜 경험을 떠올린 사람들은 각
  각 기분이 어떨까?
□ 초콜릿을 15그램 받은 사람들과 5그램 받은 사람들은 각각 기
  분이 어떨까?

참가자들의 생각은 이랬다.

□ 좋은 경험을 떠올린 사람은 나쁜 경험을 떠올린 사람보다 틀림
  없이 더 행복하다.
□ 초콜릿을 15그램 받은 사람은 5그램 받은 사람보다 틀림없이
  더 행복하다.

그런데 둘 중 하나만 택해 보라고 했더니 참가자들은 심각한
고민에 빠졌다. 한 번은 좋은 기억이, 다른 한 번은 더 많은 초콜
릿 쪽이 더 행복하다? 그들은 어느 쪽을 고르는 것이 '올바른 결
정'인지 매우 어려워했다. 즉 위에서 살펴본 텔레비전의 경우와
똑같은 일이 벌어졌다.

이어진 실험에서 참가자들이 실제로는 어떤 기분이었는지 확
인해 보았다. 두 조건 가운데 하나를 고르게 하고 감정을 −4(매
우 나쁨)에서 +4(아주 좋음)까지 점수로 평가하도록 했다. 그러

자 결과가 이렇게 나왔다.

□ 긍정적인 기억을 떠올린 사람이 부정적인 기억을 떠올린 사람
보다 더 행복하다.
□ 초콜릿의 경우는 다르다. 5그램을 먹은 사람도 15그램을 먹은
사람과 거의 똑같이 행복하다.

첫 번째 경우는 예측과 맞아떨어졌다. 좋은 기억과 나쁜 기억
의 차이는 정확히 드러났다. 반대로 두 번째에서 우리는 초콜릿
5그램과 15그램의 차이를 과대평가한다. 그래서 사람들은 마치
'좋은 기억과 5그램 초콜릿'이 '나쁜 기억과 15그램 초콜릿'보다
더 많은 행복을 준다는 게 '올바른 선택'이라고 결론지었다.

이처럼 확실한 근거를 따져 보지 않고 단순히 비교만 할 경
우 우리는 납득할 수 없는 선택을 하곤 한다. 하나의 사안을 개
별적으로 판단할 때와, 이 사안을 다른 사안과 종합해서 함께
판단할 때 결정이 달라지기도 한다. 이런 오류를 심리학에서는
'차이 식별 편향'(Distinction bias)이라고 한다.

여기서 문제는 서로 비교할 성질이 아닌 것들을 비교했다는
것이다. 텔레비전을 살 때 화신호 주파수를 비교해 결정을 하
긴 했지만, 텔레비전을 시청하는 본격적인 체험은 사실 비교 내

용과 아무런 상관이 없다. 당신은 텔레비전을 단 한 대만 살 계획이었다. 매장과는 달리 당신 거실에 텔레비전 두 대가 나란히 놓일 일은 없다. 그렇다면 "그때 그 텔레비전은 이것보다 화신호 주파수가 두 배는 더 높았는데." 하고 중얼거릴 일도 없다. 당신은 분명 애초에 갖고 싶었던 텔레비전도 잘 보았으리라. 기술에서 비롯한 극적인 차이라는 게 있었는지조차 이내 잊어버린다.

위 실험을 통해서 우리는 '차이 식별 편향'이 오로지 양적인 비교(15그램 대 5그램)에서만 일어날 뿐, 질적인 비교(좋은 기억 대 나쁜 기억)에서는 일어나지 않음을 확인할 수 있다. 질적인 비교에서는 영감을 믿는 편이 좋다. 즉 새 텔레비전 혹은 새 냉장고로 더 행복해질 수 있을까 하는 문제에서 중요한 것은 당신의 느낌이다.

반대로 양적인 비교에서 나타나는 차이는 절대 과대평가하지 말자. 특히 전혀 몰랐던, 비교를 통해서야 처음으로 발견한 양적인 차이는 무시해도 좋다. 어차피 예전에는 전혀 중요하지 않았던 것 아닌가.

지금껏 몰랐던 '기술적 제원(諸元)'은 전자 제품 매장에서만 발견할 수 있는 게 아니다. 예를 들어 파트너 찾기 앱에서는 지극히 미묘한 인성 차이까지 점수를 매겨 놓는다. 예전엔 전혀 들도 보도 못했던 일이다. 예를 들어 어떤 후보는 '성장 지향'에서 32점을, 다른 후보는 39점을 받는 식이다. 이런 것이 정말 중요한 차이일까? 두 후보를 모두 데리고 산다면 중요할 수 있다. 그러나 하나만 택하는 '격리된 경험'에서는 전혀 그렇지 않다.

양적인 비교를 할 때는 기준 가치를 만들어 보는 것이 도움이 된다. 예를 들어 당신이 지금껏 어느 정도에서 만족스러웠는지 그 기준을 파악해 보자. 아니면 친구 집에서 마음에 들어 했던 것들을 기준으로 삼든가.

자, 이제 당신의 비극적인 텔레비전 딜레마는 세 가지 방법으로 해결할 수 있다.

1. 자신의 느낌을 신뢰하자. 색깔만 따져 고른다.(질적인 차이)
2. 화신호 주파수의 기준 값을 알아본다. 100헤르츠부터 화면은 사람 눈에 잔상을 남기지 않으며 그 이상의 헤르츠 차이는 거의 구분할 수 없다.
3. 지금까지 몰랐던 화신호 주파수 같은 건 그냥 무시하자.(양적인 차이)

세 방법 모두 결론은 같다. 나중에 당신이 가장 만족할 결과이기도 하다. 거실에 잘 어울리는 하얀 텔레비전! 이 세 가지 해결 방법은 다른 문제들에도 그대로 응용할 수 있다. 파트너, 직장, 집을 선택할 때! 그때마다 항상 이렇게 자문하라. "그 작은 차이가 그렇게 중요해?"

# 하지 말라고 하면
# 더 하고 싶어지는 이유

• 사고 억제의 역설적 효과 •

자주색 암소를 생각하지 '말라.'

___

지금 무슨 생각이 떠오르는가?

아마도 '음매' 하는 울음소리와 초콜릿(독일에는 포장지에 암소 그림이 그려진 초콜릿 브랜드가 있다.—옮긴이)?

그렇다면 당신은 '사고 억제의 역설적 효과'(Paradoxical effects of thought suppression)에 정확히 걸려들었다. 무얼 생각하지 '말라'는 말을 들으면 우리는 바로 그 생각에 골몰하게 마련이다.

여기서 '자주색'은 전혀 문제가 되지 않는다. 그렇다면 예를 들어 초콜릿 한 판을 그렇게 한꺼번에 먹어 치우지 말라는 말에도 자꾸 초콜릿만 떠올리는 우리 인생을 어떻게 통제할 수 있을까? 또는 잠들기 전에 그날 아침 동료가 했던 상스러운 욕을 떠올리지 말라는 건? 이런 식으로 인생이 휘둘리는 꼴을 보고 싶지 않은 사람이라면 '사고 억제의 역설적 효과'라는 심리 현상을 좀 더 자세히 알아 둘 필요가 있다.

이 효과를 다룬 아주 유명한 실험이 있다. 실험 참가자에게 백곰을 생각하지 말라고 당부한 후 5분 동안 '의식의 흐름'(Stream of consciousness)이 이끄는 대로 자유롭게 떠오르는 것을 쉬지 않고 떠들게 했다. 우리와 이웃들이 하루 종일 하는 걸 그대로 시킨 실험이다. '백곰'을 생각하거나 말할 때마다 참가자는 자신 앞에 놓인 작은 종을 흔들어야 했다.

그런 다음 지시를 완전히 바꿨다. 이번에는 완전히 의도적으로 백곰을 생각해 보라고 했다. 그리고 다시금 의식의 흐름을 따르면서 백곰이 등장할 때마다 종을 울리게 했다.

여러 그룹이 서로 다른 순서로 두 지시를 받았다. 첫 번째 그룹은 먼저 곰 생각을 억눌렀다가 나중에 의식적으로 백곰을 생각했다. 두 번째 그룹은 일부러 백곰을 생각한 다음 생각 밖으로 몰아냈다.

자신의 생각을 억누르는 데 성공한 사람은 아무도 없었다. 평균 1분당 최소 한 번, 참가자들은 금지된 곰을 떠올렸다. 생각하지 말라고 했을 때는 더욱 자주!

여기서 특히 흥미로운 대목은 첫 번째 그룹, 즉 먼저 백곰 생각을 억눌러야만 했던 그룹 참가자들이, 제발 곰 생각 좀 하라는 지시를 먼저 받은 두 번째 그룹보다 훨씬 자주 곰을 떠올렸다는 사실이다. 아무래도 두뇌에는 한동안 억제해야만 했던 것을 더욱 갈망하는 욕구가 있는 것이 분명하다. 심지어 금지된 생각에만 골몰하는 본격적인 금단 현상까지 나왔다. 억제하려던 노력을 나중에 차고 넘치게 보상받으려 들었다.

한 걸음 더 나아가 백곰이 떠오를 때마다 빨간색 폭스바겐을 떠올리라고 지시한 실험도 있었다. 그래도 백곰은 사라지지 않았다. 그러나 백곰을 생각하는 빈도가 훨씬 떨어지는 것은 확인할 수 있었다. 이처럼 어떤 특정 대안을 떠올리도록 '우회'시키는 것을 심리학은 '초점 전환'(Focused distraction)이라고 한다.

'사고 억제의 역설적 효과'는 생각뿐만 아니라 행동에서도 나타난다. 예를 들어 참가자에게 진자를 쥐여 주고 어떤 경우에도 특정한 방향으로 흔들지 말라고 말한다. 그러면 참가자는 금지된 바로 그 행동을 한다. 금지된 것을 하려는 충동은 이처럼 강력하다. 이 현상은 참가자에게 풀어야 할 과제를 안겨 주면 특히 강해졌다. 이를테면 1000을 거꾸로 헤아려 보라고 한다거나 다른 손에 무거운 벽돌을 들고 있게 하면 진자를 더욱 세게 흔들어 댔다.

물론 진자를 단 한 번도 잡아 본 적 없는 사람도 있을 것이기 때문에 일상에서 쓰이는 다양한 물건으로 검증을 해 보았다. 이를테면 애연가에게 일주일 동안 담배 생각을 억누르라고 했더니 억누르지 않아도 좋다고 한 비교 그룹보다 훨씬 더 많이 담배를 피웠다. 또한 5분 동안 초콜릿을 생각하지 말라고 하면 그냥 자유롭게 생각한 사람에 비해 초콜릿을 훨씬 많이 먹었다.

대체 무슨 일이 벌어지는 걸까?

심리학은 여기에 두 가지 프로세스가 동시에 작용한다고 본다. 무의식은 금지된 생각이 나오는 건 아닌지 끊임없이 감시하는 프로세스를 작동시킨다. 그러면 이 감시 프로세스가 경종을 울릴 때마다 생각을 억누르려는 의식 프로세스가 또 작동된다. 무의식은 늘 금지된 생각에 사로잡혀 있다. 그래야 그것이 언제 어디서 나타나는지 찾을 수 있기 때문이다. 말하자면 금지된 환영이 늘 우리 뒤통수를 따라다니는 셈이다. 그리고 이 무의식의 환영은 언제나 의식을 이긴다. 특히 의식이 다른 일에 골몰하며 부담을 받을 때, 무의식은 더욱더 환영에 매달리게 된다.

바로 이런 이유로 우리 뇌의 메커니즘은 부담스러워진 습관을 떨치기 힘들다.("오늘 하루 종일 담배 생각은 절대 안 할 거야!", "오늘은 절대 과식하지 않을 거야!") 그러니까 하지 말아야 한다고 다짐할수록 우리 무의식은 이 금기를 버리지 못한다. 우울증이나 공포증이나 강박증 같은 정신 질환도 지금까지의 사고 습관에서 벗어나는 쪽으로 치료해 보려는 시도가 적지 않았다. 그러나 환자에게 "XX를 생각하지 않는 게 가장 좋아요!" 하고 아무리 말해도 그 생각은 무의식을 사로잡는다. 그러다가 언젠가는 강렬하게 의식 위로 치고 올라온다. 수면 장애에 시달리는 사람이 저녁마다 침대에 누워 "잠들기 힘들다는 생각은 절대 하지 않고 그냥 잠드는 거야!" 하고 되뇌면 오히려 잠은 더 멀리 달아날 뿐이다. '사고 억제의 역설적 효과'는 크든 작든 모든 문제에서 우리를 확실히 틀어쥐고 있다.

생각이나 행동을 그냥 '간단하게' 억누르려는 것으로 문제를 해결하려 할 때 우리는 신중해야만 한다. 자신을 정신적으로 더 잘 통제하고 싶다면, 오히려 '초점 전환'이라는 방법이 도움을 준다. '나쁜 생각'이 떠오를 때마다 다른 쪽으로 유도할 생각거리를 미리 준비해 두자. 물론 전환할 생각은 애초에 전혀 다른 것이어야 한다. '다크 초콜릿 대신 이제 화이트 초콜릿만 생각할 거야.' 같은 건 좋지 않은 전략이다. 오히려 초콜릿이 생각날 때마다 에펠탑을 떠올리는 편이 낫다. 그러면 적어도 더 심각한

중독에 빠지는 것은 피할 수 있다.

한편 머릿속이 자유로울수록 우리는 정신을 더 잘 통제할 수 있다. 어떤 습관을 바꾸려 한다면 두뇌가 다른 일로 끙끙 앓을 때 그런 시도는 하지 말아야 한다. 일 때문에 잔뜩 스트레스를 받았다거나 마라톤 대회에 나가려 한창 긴장했을 때, 배우자의 잔소리나 공사장 굴착기 소리로 돌아 버릴 지경일 때, '담배를 끊어야만 해.' 하고 다짐하는 건 통하지 않는다. 심지어 담배를 더 많이 피울 위험을 자초할 수 있다. 원하는 것과는 정반대인 결과를 초래해서야 되겠는가.

"지금은 다이어트를 시작하기에 좋은 때가 아니야." 이 말이 핑계인 것만은 아니다. 물론 어떤 습관을 버리는 데 좋은 때란 절대 없을 수도 있다. 하지만 적어도 정신 건강에 더 좋은 때는 있다. 먼저 무엇이 스트레스의 근원인지 찾아보고 그것부터 해결하는 편이 훨씬 좋다. 얼핏 보기에는 스트레스가 당신이 버리지 못해 안달인 그 습관과 전혀 관계없는 것만 같다. 그러나 그렇지 않다.

먼저 압박감부터 떨치자. 지금은 그냥 즐거운 마음으로 자주 색 암소를 생각하자. 하루 종일.

# 듣고 싶은 대로
# 받아들이는 마음의 관성

• 진술 편향 •

우리 고등학교 다닐 때 말이야, 수학 선생님하고 국어 선생님이
사귀었다며?

    당신은 틀림없이 이런 소문을 들어 본 적이 있으리라. 사람들
은 또 이렇게 수군거리곤 한다. "카이가 실비아를 좋아한다며?"
"마이어가 사실은 엄청 부자라며?" "저 사람은 옷이 한 벌밖에
없나 봐?"
    그리고 지금은 그 모든 풍문이 그저 의심에 지나지 않는 것이

었는지조차 우리는 기억하지 못한다. 기억에 '남은 것'이라곤 연애 스캔들이나 수억 원이나 옷 한 벌이 고작이다.

우리 뇌는 의문 부호가 붙은 일은 아주 빨리 잊어버리는 경향이 있다. 어떤 실험에서 참가자들에게 다양한 문장을 읽어 주었다. 한 그룹에는 의문문을, 다른 그룹에는 진술문을 각각 들려주었다. 생물학이나 수학 등 다양한 주제의 문장들이었는데 이를테면 이런 식이었다. '민물 뱀은 등으로, 즉 배를 위로 향한 채 헤엄칠 때가 많다.' '모든 모노이드 준동형 사상 함수는 준동형 사상 함수일까?'(수학 시간에 이런 말을 들어 본 것 같다.)

나중에 실험 참가자는 문장을 의문문으로 들었는지 아니면 진술문, 즉 평서문으로 들었는지 묻는 질문에 답했다.

그 결과, 참가자 대부분은 자신이 진술문을 들었다고 믿었다. 실제로는 의문문이었는데도 한사코 진술문이었다고 고집했다. 이렇게 의문문을 진술문으로 혼동하는 경우를 '진술 편향'(Statement bias)이라고 한다.

이러한 진술 편향은 수학보다 생물학에서 더 강력하게 나타났다. 그리고 일부러 잘못된 문장을 들려준 경우에도 마찬가지였다. 이를테면 '개미핥기는 주로 식물을 먹을까?'라는 문장을 듣고는 의문 부호가 붙어 있다는 점을 까맣게 잊고 개미핥기는 개미가 아닌 풀을 먹는다고 인식해 버렸다.

이 현상은 다양한 형태와 의도의 문장에서 나타난다. 좋은 예가 광고 카피다. 우리는 설득당하지 않기 위해 비판적인 시각으로 광고를 본다. 특히 암시를 주는 듯한 의문문에 현혹되어 뭔가 사 버리는 일이 없도록 주의한다. 그런데도 진술 편향 현상은 광고에서 무시 못 할 위력을 발휘한다. 아무래도 인간은 그다지 비판적이지 않은 것이 틀림없다.

그러면 왜 우리 뇌는 그렇게 빨리 의문 부호를 지워 버릴까?

의문 부호를 저장하는 마땅한 형태를 모르기 때문이다. 우리 기억은 모든 문장을 그에 걸맞은 이미지로 저장한다. 의문문이든 진술문이든 두뇌는 개의치 않는다. '민물 뱀은 배를 위로 향한 채 헤엄칠 때가 많을까?'라는 문장을 들으면 우리 뇌는 그렇게 헤엄치는 뱀의 이미지를 그려 낸다. 그리고 이 그림이 이른바 '대표성'으로 기억에 저장된다. '민물 뱀은 배를 위로 향한 채 헤엄칠 때가 많다.'라고 기억해 버리는 셈이다. 두 문장은 우리 기억에서 똑같은 대표성을 띤다. 그림에 문장 부호는 등장하지 않는다.

이제 왜 위 실험에서 진술 편향이 수학보다 생물학에서 더 잘 나타났는지 그 이유를 짚어 보자. '모든 모노이드 준동형 사상 함수는 준동형 사상 함수다.'라는 말을 듣고 우리 머리는 어떤 그림을 그릴까? 그렇다. 아무것도 그리지 못한다. 수학을 전공

하지 않은 사람은 이 말에 어떤 그림도 떠올릴 수 없다. 이럴 때 의문문은 우리 머릿속에서 쉽사리 진술문으로 바뀌지 못한다. 강렬하게 떠오르는 이미지가 없기 때문이다. 반대로 완전히 틀린 문장이라 해도 알아듣기 쉬운 것은 즉시 그림으로 저장된다.

부정문도 마찬가지다. '설마 비행기가 추락하지는 않겠지.' 이 문장은 이내 머릿속에 비행기가 추락하는 그림을 그리게 만든다. '않다'라는 부정어를 저장할 장소는 우리 뇌에 마련되어 있지 않다.

그러므로 의문문과 부정문은 위험할 수 있다. 또는 이런 효과를 역이용할 수도 있다. 의문을 품거나 부정하는 사람은 사실 상대방의 머릿속에 긍정적인 그림을 심어 주는 셈이다. 고등학교 때 주워들은 소문에만 해당하는 이야기는 아니다. 우리 주변은 의문과 부정으로 온통 얼룩져 있다. 새로 온 직원이 사장 낙하산은 아닐까? 이웃집 여자, 치매에 걸린 건 아닐까? 우리 회사, 곧 사람들을 해고하지 않을까? 아니, 내 머리는 염색한 게 아니야.

이런 이유로 독일 연방 헌법 재판소는 포털 사이트 검색창에서 자동 검색어 기능을 없애라는 판결을 내렸다. 비록 연관 검색어가 이용자들의 '의문'을 반영한다 하더라도 개인의 명예를 훼손하거나 사생활을 침해한다면 허락되지 않는다.

진술 편향은 우리가 '진실 효과'(Truth effect, 잘못된 정보에 반복적으로 노출되면 그것을 진실이라고 인식하게 되는 효과 — 옮긴이)라고 알고 있는 것과 맞물려 작용할 때 특히 교묘해진다. 어떤 진술문을 자주 들으면 들을수록 인간은 그 말이 진실이라고 굳게 믿는다. 그 원인은 습관화에 있다. 우리 뇌는 친숙한 모든 것을 좋아한다. 의문과 부정이 진술문으로 기억에 각인되면 우리는 진실을 쉽사리 외면하거나 부정할 수 있다. 이를테면 "저는 동료 X가 지나친 업무 부담을 받는다고 여기지 않습니다." 하고 사장에게 말하는 것은 동료의 뒤통수를 때리는 일이나 다름없다.

그래서 우리는 이 장을 다음 질문으로 맺고자 한다. "이 책은 당신이 지금껏 읽은 것 가운데 최고입니까?"

# 내 생일을 비밀번호로 설정하면
# 기억이 더 잘 나는 이유

• 생성 효과와 자기 참조 효과 •

다음 빈칸에 가장 적당해 보이는 말을 채워 보자.(진짜 실험이라 여기고 진지하게 해야 한다.)

내 (      )[형용사] 인생은 왜 이럴까? 나는 도대체 어떤 (      )[상황을 나타내는 말]에 처한 걸까? 원인은 나에게 있을까 아니면 다른 사람들도 모두 이렇게 살까? 나만 (      )[동물의 한 종류] 같은 사람들과 (      )[정신 질환]에 시달리는 사람들에게 둘러싸여 살아가는 것은 아니리라. 꼭 (      )[몸의 일부분]에서 (      )[맛난 채소] 같은 게 자라는 거 같지? 하지만 사실 너희는 그저 (      )[욕설]일 뿐이야. 심지어 정말 (　　)[못생긴 것]처럼 생겼어. 그렇지만 나는 너희를 내 (　　)[반려동물], 내 (　　)[스마트폰 기종] 혹은 내가 좋아하는 (　　)[음식]처럼 대해 주고 싶어. 우리 모두 조금만 더 (　　)[좋은 감정]다면 (　　)[긍정적 표현] 거야. 그래서 이제 막 우리 모두의 속내가 어떤지 알려 주는 책을 읽기 시작했어. 그러면 아마 왜 내가 항상 그렇게 (　　)[동사]는지 알게 될 거야.

이제 윗부분을 덮어 놓고 기억나는 단어 다섯 개를 써 보자.

1. _____

2. _____

3. _____

4. _____

5. _____

---

　어떤 단어가 먼저 떠오르는가? 아무래도 직접 써넣은 단어, 즉 당신과 관련이 깊은 단어이리라.

　우리 두뇌는 이런 식으로 작동한다. 이 사실을 알고 나면 우리는 아주 멋진 기억법을 터득할 수 있다. 이 책이나 다른 책을 읽을 때뿐만 아니라 평소에도 얼마든지 응용할 수 있는 방법이다.

여기에는 두 효과가 아주 교묘하게 맞물려 작용한다. 첫 번째는 '생성 효과'(Generation effect)다. 우리 자신이 직접 '생성'한, 즉 만들어 낸 정보와 단어는 읽기만 해도 훨씬 쉽게 기억된다. 이 효과는 방금 당신이 한 것과 아주 비슷한 실험으로 입증되었다. 실험 참가자에게 글의 빈 곳을 채우게 한 후 어떤 단어를 가장 잘 기억하는지 물었다. 결과는 짐작하고도 남으리라. 그들은 직접 써넣은 단어를 특히 또렷하게 기억했다.

혹시 이렇게 생각할 수도 있지 않을까? 빈칸이 기억에 영향을 준다고! 그렇다면 중요한 대목을 굵기나 색깔로 강조하는 것으로도 같은 효과를 볼 수 있어야 한다. 몇몇 단어를 붉게 인쇄하여 진행한 테스트에서 사람들은 물론 붉은색 단어를 검은색 단어보다 더 잘 기억하기는 했다. 하지만 직접 생각해 낸 단어에 비해서는 효과적이지 못했다. 즉 우리 두뇌는 직접 만들어 낸 정보는 한번 읽기만 해도 아주 잘 기억한다.

두 번째는 '자기 참조 효과'(Self-reference effect)다. 우리는 어떤 식으로든 우리 자신과 관련된 정보에 훨씬 주목한다.

이 효과를 입증하는 전형적인 실험이 있다. '길다', '알록달록하다', '기름지다' 같은 다양한 형용사를 보여 주며 여러 질문을 하는 것이다. 이 단어가 무슨 뜻인가? 이 단어는 긴가 짧은가? 악센트는 어디에 주어야 하는가? 이 단어를 설명할 수 있는가?

그 후 피실험자가 어떤 단어를 가장 잘 기억하는지 확인한다. 이때 어떤 식으로든 피실험자가 자신과 관련된 단어를 확실히 기억하고 있다는 점을 알 수 있다.(그 단어를 어떻게 받아들이든 말이다.)

어떤 실험은 심지어 자신의 생일과 가깝다면 낯선 사람의 생일을 더 잘 기억한다는 것을 증명했다. 아마 여러분에게도 익숙한 일이리라. '나보다 이틀 빠르네!' 하는 생각이 들었다면 그 날짜는 쉽게 잊히지 않는다.

'생성 효과'와 '자기 참조 효과'는 정보를 더 잘 '코드화'할 수 있게 도와준다. 코드화는 우리 두뇌가 정보를 저장하기에 앞서 진행되는 중요한 단계다. 말하자면 정보가 기억으로 자리 잡을 수 있게 형태를 부여해 주는 것이 코드화다. 예를 들어 어떤 파티에서 새로운 사람을 알게 되었을 때, 이 사람을 통째로 머릿속에 집어넣는 일은 불가능하다. 그러기에는 그 사람이 너무 크다. 비결은 '작게 줄이는 일'이다. 그 사람에 대한 정보를 적당히 하나 골라 머릿속에 저장한다. 이를 '심적 표상'이라고 한다. 쉽게 말해 알맞게 상상해서 기억해 둔다는 뜻이다.

이런 표상에는 대표적으로 시각적인 것(예를 들어 붉은 머리카락), 청각적인 것(째지는 목소리), 후각적이거나 미각적인 것(마늘 향이 나는 달콤 쌉쌀한 맛), 구조적인 것(바로 옆 사람) 등이 있다.

두뇌가 저장되기 전의 정보를 더욱 밀도 높게 다룰수록, 그 정보는 더 깊숙이 처리된다. 이런 깊이의 정보는 필요할 때 순식간에 꼭대기로 떠오르는 놀라운 특징을 보인다. 심층에 자리 잡을수록 그만큼 기억은 더 확실하고 정확하다.

심적 표상은 새로운 정보를 옛 정보와 연관 짓는 것에도 큰 도움을 준다. 예를 들어 '빨강 머리'를 보고 '이모'를 떠올렸다가 '미용사가 실수로 망쳐 버린 염색'으로 이어지는 식이다.

물론 새로운 정보는 우리 자신과 연관 지을 때 가장 잘 기억된다. 이를테면 처음 만난 사람을 두고 '이 사람도 나와 똑같은 기종의 스마트폰을 쓰는구나.' 하고 생각해 보는 것이다. 우리 두뇌는 우리 자신을 아주 특별하게 기억하기 때문이다. 어떤 정보가 자기 자신에 대한 정보와 맞닿으면 그 정보는 장기 기억에서도 일등석을 차지한다.

이제 이 책에서 다루는 이야기들을 어떻게 해야 가장 잘 기억할 수 있는지 명백해졌다. 각 장을 읽은 후 거기에서 다룬 이야기와 관련된 상황을 직접 겪어 본 적 있는지 곰곰 생각해 보자. 만약 아무것도 떠오르지 않는다면 그런 일이 일어나면 어떨지 상상해 보자.

# 우리는 본능적으로
# 과장 광고에 현혹된다

### • 제로 리스크 편향 •

당신 남편 사무실에 여자 직원 두 명이 새로 합류했다. 화들짝 놀란 당신의 최대 근심거리는 다음 여섯 가지다.

1. 남편은 더할 수 없이 심드렁하게 지나가는 말처럼 사무실에 새 직원이 둘 왔다고만 했다.
2. "어때, 예뻐?" 하고 묻자 남편은 "당신만큼 예쁘지 않아." 하고 답했다.
3. 페이스북을 뒤져 보니 가벼운 여름 옷차림을 한 두 여자의 사진을 볼 수 있었다. 크리스마스 파티였는데!

4. 당신 남편은 이렇게 말했다. "그런 옷을 좋아하는 것 같더라고."

5. 크리스마스에 그렇게 가벼운 옷차림이라니 말이 되느냐고 따지자 남편은 이렇게 말했다. "그 여자들이 뭘 입었는지는 신경조차 쓰지 않았어. 여보, 그저 같은 직장 동료일 뿐이야."

6. 두 여자는 싱글이다.

꿈에 착한 요정이 나타났다. 소원 하나를 들어주겠다면서 하나를 고르라고 한다.

1. 두 여자를 당장 결혼하게 한다.

2. 두 여자를 당장 행복한 유부녀로 만든다.

3. 두 여자 중 한 명에게 뭔가 문제를 만들어서 이민을 가 버리게 한다. 다른 한 명은 남는다.

요정이 네 번째 소원을 말해 주기 전에 자명종이 울리기 시작했다. 이제 당신은 서둘러 선택해야만 한다.

무엇을 택하겠는가?

---

남편이 말한 '사무적인 관계'에는 위험이 도사리고 있다. 직

장 동료도 동료 나름이니까…….

이런 경우 대개는 3번을 고른다. 이는 과학적으로도 옳은 선택 같다.

과연 정말일까?

1번의 경우, 그러니까 두 여자가 결혼하는 경우, 남편의 '사무적인 관계'가 기묘한 차원으로 발전할 위험이 반으로 줄어든다고 가정해 보자. 결혼했다고 절대 안심할 수 있는 것은 아니니 말이다. 이 경우 당신 남편이 바람을 피울 확률은 50퍼센트라고 해 두자.

2번, 즉 두 여자가 각각 행복한 결혼 생활을 하는 경우에 당신 남편이 바람피울 확률이 현저히 낮아져 10퍼센트가 된다고 가정해 보자. 뭐, 행복해도 한눈을 파는 일은 벌어질 수 있으니까 가능성이 아주 없는 것은 아니다.

그럼 3번은 어떨까? 적어도 한 명이 완전히 사라졌다. 물론 다른 한 명은 그대로 남았다. 더욱이 미혼인 상태로. 이렇게 본다면 당신 남편이 엉뚱한 짓을 벌일 확률은 50퍼센트가 된다. 한 명은 완전히 사라졌지만 남은 한 명은 아직도 위험 요소니까.

여기서 가장 좋은 선택은 아무래도 2번이 아닐까? 물론 여전히 가능성이 남기는 하지만 전체적으로 보아 확률이 가장 낮다. 1번과 3번의 확률은 같다. 적어도 수치만 놓고 본다면 같은 값이다.

그런데도 우리 뇌는 3번을 선택하라고 종용한다. 여러 위험 요소가 공존할 때 우리는 전체 확률을 낮추기보다는 최소한 하나라도 완벽히 제거하는 편을 선호하기 때문이다. 심리학에서는 이런 현상을 '제로 리스크 편향'(Zero-risk-bias)이라고 한다.

실제 인생에서는 요정이 나타나 이처럼 경우의 수를 확연하게 정리해 주지 않지만 그래도 비슷한 상황이 생긴다. 이를 잘 보여 주는 아주 고전적인 실험이 있다. 피실험자에게 집 근처에 유독 물질 처리장 두 곳이 있으며, 큰 처리장에서는 연간 여덟 명, 작은 처리장에서는 네 명이 암에 걸릴 수 있는 유독 물질을 내보낸다고 알려 주었다. 즉 처리장 때문에 연간 열두 명이 암에 걸리는 셈이다.

정부는 이 문제를 해결하기 위해 예산을 집행하기로 했다. 요정의 경우에는 자명종이 방해했지만 여기서는 예산이 걸림돌이다. 안타깝게도 처리장을 모두 깨끗이 없애 버리기에는 돈이 턱없이 부족하다. 그러자 정부도 요정처럼 세 가지 안 가운데 하나를 고르라고 한다.

1안. 유독 물질 처리장 두 곳을 일부 보수한다. 이때 발생 가능한 암 환자는 대형 처리장이 넷, 소형이 둘로 절반가량 줄어든다.

2안. 소형 처리장을 완전히 폐쇄한다. 대형 처리장을 일부 보수하여 발생 가능한 암 환자를 여덟에서 일곱으로 줄인다.

3안. 예산을 대부분 대형 처리장 보수에 책정한다. 소형은 그저 보수 시늉에만 그친다. 이렇게 하면 연간 발생 가능 암 환자는 여섯 명이 된다.

1안과 3안의 결과는 같다. 두 방법 모두 연간 발생 가능 암 환자 수를 여섯으로 줄인다. 반대로 2안의 경우 일곱 명으로 줄어든다. 다시 말해서 가장 나쁜 방법이다. 합리적으로 생각할 줄 아는 사람이라면 1안이나 3안을 선택해야 한다.

그러나 우리 뇌는 합리적으로 생각하지 않는 것이 분명하다. 실험 참가자는 거의 두 명에 한 명꼴로(42퍼센트) 2안이 다른 두 해결책보다 낫다고 여겼다. 심지어 참가자의 11퍼센트는 2안이 국가 예산을 의미 있게 쓰는 최선책이라고 주장했다! 위험이 더 큰데도 작은 위험 요소 하나가 완전히 없어지는 쪽을 택하는 것이 바로 '제로 리스크 편향'이다.

참가자에게 유독 물질 함량을 낮춘 세제를 일반 세제보다 비싸게 주고 구입할 용의가 있느냐고 물은 실험도 있었다. 사람들은 위험을 그저 몇 퍼센트 줄이는 데 돈을 더 쓰느니 차라리 일반 세제의 유독 물질과 함께 사는 게 낫다고 고집했다. 여기서 재미있는 점은, 독성 물질을 마지막 한 방울까지 완전히 제거해 준다면 돈은 얼마가 들어도 좋다고 한 것이다. 위험 요소를 완전히 없애는 편을 선호하는 '제로 리스크 편향'이 일어났기 때문이다.

　이런 편향을 빚어내는 주범은 우리의 게으른 두뇌다. 그것도 이중으로 게으르다. 우선 미리 정확하게 계산하지 않는다는 점에서 게으르며, 나중에 요모조모 따지는 번거로움을 피하려는 점에서 또다시 게을러진다. 모든 위험 요소는 저마다 주목과 관리를 요구한다. 그런데도 우리는 전체적인 그림을 살피기보다는 그 가운데 하나만이라도 완전히 없앨 수 있다면 훨씬 높은 위험도 감당하려는 경향을 보인다. 당신 남편 주변을 맴도는 매력적인 비혼 여성 한 명이 행복한 기혼 여성 둘보다 감시하기 쉽다고 여기는 것이 우리 두뇌다. 중간에 '사고'가 일어날 위험이 훨씬 높다고 해도 아랑곳하지 않는다. 우리 뇌는 무엇이 최선인지 생각하지 않고 하나라도 아예 신경 쓰지 않을 수 있다면 그 해결책을 고른다.

　'제로 리스크 편향'은 우리로 하여금 비싼 대가를 치르게 만든다. 교활한 판매업자는 단 하나의 위험 요소만 완전히 제거해주는 조건으로 터무니없이 비싼 값을 부른다. 보험에서 흔히 보는 "유리창 파손만큼은 확실하게 보장해 드립니다!" 또는 "도둑맞은 자전거는 확실하게 보상합니다!" 따위의 선전 문구가 그 좋은 예다. 이 말에 안심한 소비자는 보험료가 적정 수준인지 따져 보지 않는다. 식료품도 마찬가지다. 'No 유전자 조작!' 또는 'No 인공 색소'라고 포장 전면에 커다랗게 쓰인 문구가 정말 품질을 보장할까?

'제로 리스크 편향'이 위험한 이유는 하나의 위험 요소를 떨쳐 버렸다고 안심하고 몹시 기뻐하는 바람에 다른 위험 요소를 까맣게 잊는다는 점이다. 예를 들어 '저지방' 식품이라고 해서 정말 건강에 좋을까? 오히려 당분이 너무 많지는 않을까? '무가당'이라고 해 놓고 지방을 듬뿍 넣지는 않았을까? '제로 리스크 편향'은 하나의 성분에만 주목하게 만들면서 다른 영양 성분은 꼼꼼하게 따져 보지 않게 만드는 주범이다.

가장 좋은 방법은, 조금 고되더라도 모든 위험 요소를 찬찬히 따져 보는 일이다. 위험 요소가 많더라도 전반적으로 높지 않은 편을 선택하는 것이 '제로 리스크'에 매달리는 것보다 훨씬 나은 선택이다. 또 돈도 아낄 수 있다.

# 안전벨트를 했다고
# 100퍼센트 안전한 건 아니다

• 위험 보상 •

당신이 새로 장만한 자동차에는 정말이지 생각할 수 있는 모든 안전장치가 있다.

☐ 측면 에어백

☐ 비상 제동 장치

☐ 안전 주행 장치

☐ 다이나믹 브레이크 라이트 프로그램

☐ 타이어 공기압 컨트롤

☐ 제논 라이트

☐ 런플랫 타이어

☐ 라이트 조절 장치

☐ 전방 충돌 방지 시스템

☐ 차간 거리 경보 장치

☐ 차선 유지 보조 시스템

☐ 사고 시 자동 탈출 좌석


이 모든 장치가 1940년에 생산된 낡은 폭스바겐 딱정벌레 차보다
당신 생명을 더 안전하게 해 줄까 아니면 더욱 위험하게 할까?

---

물론 객관적으로 볼 때 이런 자동차는 당신의 생명을 더욱 안
전하게 지켜 준다. 다만 한 가지 무시할 수 없는 조건이 있다.
운전석에 인간이 앉지 않는다는! 인간은 여러 심리 효과에 휘
둘리기 때문이다. '위험 보상'(Risk compensation)도 그중 하나
다. 인간은 자신이 안전하다고 느끼면 느낄수록 그만큼 더 위험
을 즐기려는 태도를 보인다. 그러니까 위험을 즐기려는 우리 태
도는 모든 안전장치 기술을 무색하게 만든다. 결과적으로 모든
것이 예전과 똑같아질 뿐이다. 100년 전이나 오늘날이나!
'위험 보상' 효과는 실험을 통해 여러 차례 입증되었다. 그 좋은

예는 잠김 방지 브레이크 시스템(Anti-lock brake system, ABS)이 한창 도입되던 1980년대, 뮌헨의 택시 기사들을 대상으로 운전 습관 변화를 관찰한 실험이다. 평소 난폭한 운전을 즐기던 사람은 그때 더욱 위험하게 차를 몰았다. ABS가 실제로 줄 수 있는 안전 효과 그 이상을 당연하게 여겼다. ABS가 장착된 차량은 특히 사고를 많이 냈다.

'뮌헨이니까.' 하는 반론도 물론 있을 수 있다. 뮌헨 사람은 아침부터 맥주를 2리터씩 마셔 댄다. 그러나 이 실험은 국제적으로, 무엇보다도 캐나다와 덴마크에서도 입증되었다. 캐나다와 덴마크 사람들은 아침에 술을 거의 마시지 않는다.

더욱 놀라운 사실은, 안전하다고 느낄 때 우리가 자신이 위험해지는 상황만 만드는 것이 아니라는 점이다. 충분히 안전하다고 여기면 주변 사람들이 겪을 위험 역시 무시하려 한다. 그 좋은 예가 자전거를 탄 사람을 앞지르는 자동차 운전자의 행태다. 자전거를 탄 사람이 헬멧을 쓰고 있으면 자동차는 평균 8.5센티미터 더 가깝게 자전거를 스쳐 지나간다. 자전거가 도로에 가까울수록 자동차 역시 근접해 온다. 특히 기괴한 사실은 자전거를 탄 남자가 여자처럼 보이도록 가발을 쓰면 자동차 운전자는 안전거리를 유지한다는 점이다. 여자가 탄 자전거는 안전하지 못하다고 생각하는 것이 분명하다.

안전벨트 의무 착용과 속도 제한에서도 비슷한 현상이 나타 난다고 볼 수 있다. 우리는 안전벨트를 하고 속도를 지키면서도 다른 위험은 그리 심각하게 여기지 않는 잘못을 종종 저지르곤 한다. 정규직이 되었다고 해서 앞날이 절대 안전하다고 여기는 태도 역시 금물이다. 그러다가 갑자기 해고당하면 헤어 나올 길 없는 절망의 늪에 빠지는 것이 바로 사람이다. 안전하다고 여긴 나머지 모아 둔 돈이 거의 없는 데다 대출을 지나치게 많이 받 았을 수도 있다. 안전하자고 든 실업 보험 역시 오히려 아무 걱 정 없이 가진 돈을 탕진하게 만들 수 있음을 명심하자.

결론적으로 기술 발달을 너무 맹신하지 말아야 한다. 보험 가 입이나 정규직 계약 역시 더 위험한 태도를 유발할 수 있음을 명심하자. 낡은 자동차를 좀 더 안전하게 몰고 다니며 보험료 를 절약하는 것이 더 현명한 선택 아닐까. 늘 '위험 보상' 효과 를 염두에 두고 '안전장치'가 없다면 어떻게 행동할지 유념하 자. 다시 강조하건대 늘 스스로를 돌아보는 태도를 견지해야만 조금이라도 더 안전하게 살아갈 수 있다.

또한 이런저런 안전장치를 두루 갖추었다고 해서 어떤 경우 에도 다른 사람에게 자랑하지 말자! 당신이 안전하다는 점을 악용해 당신에게 평소보다 위험하게 구는 일은 막아야 한다.

# 돈, 일, 인간관계에서
# 원하는 것을 얻기 위한 마음의 요령들

# 우리는 분위기에 따라
# 감정을 제멋대로 해석한다

〰〰〰〰〰〰〰〰〰〰〰〰

• 감정의 두 가지 요소 이론 •

〰〰〰〰〰〰〰〰〰〰〰〰

————————  ————————

당신은 아주 매력적인 이성과 우아한 레스토랑에 마주 앉아 식사를 즐기고 있다. 가벼운 긴장이 감도는 대화가 이어지며 서로 깊은 눈길을 주고받는다. 그런데 갑자기 접시에서 다리에 털이 잔뜩 난 거미가 기어 나오는 게 아닌가. 소름이 돋고 심장이 뛰며 손바닥은 땀으로 흥건하다.

이때 당신은 무슨 생각이 드는가?

☐ 난 사랑에 빠졌구나!

☐ 털 좀 봐, 거미는 징그러워!

□ 이 태국 레스토랑 메뉴판에 쓰인 '살짝 매운 맛'이 어떤 맛인지 알고 싶었을 뿐인데.

---

이번에는 정답이 무엇인지 말해 줄 수 없다. 우리 몸은 간단하게 말하자면 '흥분 체계'다. 이 점은 분명하다. 접시 위 거미라니, 그저 읽기만 했을 뿐인데 당신도 조금은 흥분했으리라.

이 흥분의 원인으로는 세 가지 근본적 가능성을 꼽아 볼 수 있다. 정말 사랑에 빠졌거나, 혐오감으로 구역질이 나거나, 너무 매운 양념 때문이거나.

저런 상황에 놓이면 우리는 보통 흥분의 진짜 원인이 무엇인지 차근차근 따져 보기보다는 그저 단순히 받아들일 뿐이다. "접시에 징그러운 거미가 있잖아." 혹은 "이 사람 진짜 매력적인데!" 하는 식으로.

하지만 혐오감과 사랑이 똑같은 신체적 반응을 불러일으킨다는 점이 위험하다. 다른 많은 감정도 마찬가지다! 결국 우리가 '사랑', '혐오', '기쁨', '분노'로 인지하는 감정은 모두 우리 몸의 흥분 상태를 어떻게 해석하느냐에 따라 생겨난다. 그리고 이런 감정은 아주 쉽사리 혼동된다.

당연히 비극적이다. 실제로는 거미가 몸을 흥분 상태에 빠뜨

렸는데도 당신은 상대방의 매력 때문이라고 생각할 수 있다. 그런데 다음 데이트는 하품이 나올 정도로 따분하기만 하다. 물론 반대 경우는 더 나쁘다. 정작 당신은 상대가 마음에 들었고 데이트 역시 설렜는데도, 거미 때문에 흥분했다고 여긴다면 이처럼 안타까운 일이 또 있을까. 데이트를 끝내고 귀가한 당신은 이렇게 중얼거릴지도 모른다. "거참 따분한 사람이네." 하지만 아뿔싸, 상대는 당신이 찾던 운명적인 사랑이었을지도. 빌어먹을 거미.

믿기 어려운 이 현상을 심리학에서는 '감정의 두 가지 요소 이론'(Two-factor theory of emotion)이라 부른다. 참가자에게 시력에 미치는 영향을 알아보겠다며 비타민을 주사한 실험이 있다. 하지만 실제로 주사한 것은 아드레날린이었다. 이 호르몬은 우리 몸의 '흥분 체계'를 본격적으로 가동한다. 가짜 시력 테스트를 기다리며 몸이 서서히 흥분하는 동안 피실험자는 아주 이상한 질문이 담긴 설문지를 받았다. 이런 식이다.

1. 당신의 어머니는 얼마나 많은 남자들과 성관계를 했나요?
   ① 4명 이하
   ② 5~9명
   ③ 10명 이상

2. 당신은 일주일에 몇 차례나 성관계를 하나요?

　① 0~1회

　② 2~3회

　③ 4~6회

　④ 7회


3. 당신의 가족 중 아래 항목에 해당하는 사람의 이름을 쓰시오.

　(최소한 한 명 이상)

　① 규칙적으로 씻지 않는다.

　② 정신과 치료가 필요해 보인다.


　참가자들이 대기실에서 이 설문지를 채우는 동안, 몰래 심어 놓은 연기자가 분통을 터뜨리며 설문지를 구기고 소리를 질렀다. "못 참겠네!" 혹은 "지옥에나 떨어져라! 이런 걸 알아 뭐 하려고?" 하는 식이다. 그러고는 결국 설문지를 찢어 버린 후 씩씩거리며 방을 뛰쳐나갔다.

　한편 다른 그룹에게는 설문지를 주지 않고, 투입된 연기자가 신바람이 난 것처럼 굴었다. 콧노래를 흥얼거리며 종이비행기를 접어 날리거나 종이를 구겨 공처럼 던지며 놀았다.

　그리고 두 그룹 참가자들의 반응을 각각 관찰한 후 마지막에는 기분이 어땠는지 물었다. 첫 번째 그룹 참가자는 실제로 매우 화가 났음을 인정했다. 반대로 다른 그룹 참가자는 기분이 좋았다고 답했다.

실제 두 그룹 참가자들은 모두 아드레날린으로 흥분 상태였다! 그런데 동일한 흥분 상태를 한쪽은 분노로, 다른 쪽은 기쁨으로 받아들였다. 주변 환경에 알맞게 해석한 셈이다.

사실 실험에는 세 번째 그룹도 있었다. 이 그룹 참가자는 비타민이 아니라 실제 심장을 빠르게 뛰게 하고 몸에 열이 나도록 하는 아드레날린을 주사받을 거라는 설명을 미리 들었다. 흥분 상태의 원인을 정확히 알고 있었기 때문에 그들은 '감정'의 원인을 찾을 필요가 없었다. 그래서 연기자가 다른 그룹에서 보인 것과 똑같이 행동했는데도 화를 내거나 기뻐하지 않았다.

이 실험은 우리가 느끼는 감정이라는 것이 얼마나 자의적인지 여실히 보여 준다. 즉 화를 내든 기뻐하든 그 결정적 원인은 바로 우리 자신이다. 우리는 몸이 느끼는 흥분 상태의 원인을 찾아 설명함으로써 어떤 감정에 휩쓸리는 일을 막을 수 있다. 고민에 빠진 사람에게 그럴 일이 아니라며, 다른 관점에서 보면 오히려 좋은 일이라고 다독여 줄 수 있는 이유가 여기에 있다. 또한 바로 나 자신을 그렇게 설득할 수도 있다.

아드레날린 주사 없이도 비슷한 실험 결과를 볼 수 있다. 한 공원에서 아주 매력적인 여성으로 하여금 지나가는 남자들에게 설문 조사를 하게 했다. 이후 이 여성은 의미심장한 미소를 띠고 자신의 전화번호를 알려 주며 혹시 궁금한 게 있으면 언제든지 전화해서 물어보라고 말해 주었다. 그런데 공원에는 여성이 있는 쪽으로 오는 길이 두 개 있었다. 하나는 평범한 오솔길이었고 다른 하나는 몹시 좁고 위험하게 출렁거리는 줄다리를 건너와야만 했다. 이 줄다리를 건너온 남자가 평탄한 길을 온 남자보다 훨씬 많이 여성에게 전화를 걸었다. 출렁이는 다리를 건너오면서 맥박이 빨라지고 심장이 뛴 것을 여성과의 만남에서 비롯된 흥분으로 해석했기 때문이다.

간절히 원하는 상대와 뭔가 잘 진행되지 않는다면 이 '감정의 두 가지 요소 이론'을 활용해 보라. 함께 조깅을 하거나 롤러코스터를 타거나 공포 영화를 보자. 이런 식으로 상대의 맥박을 한껏 끌어올린다! 그러면 돌연 상대가 당신에게 반해 '사랑 고백'을 하는 일이 얼마든지 벌어질 수 있다.

아니면 반대 상황도 가능하다. 상대가 지겹고 짜증 나거든 마찬가지로 조깅이나 롤러코스터 혹은 공포 영화를 택하라. 그런 다음 상대가 사랑 운운하거든 몸이 흥분 상태인 거라고 설명해 준다. "조깅을 해서 심장이 뛰는 거야!" 이런 식으로 상대의 감정까지 얼마든지 다르게 해석할 수 있다.

이 방법은 매출을 올리는 데에도 그대로 통한다. 이를테면 은은한 음악을 틀어 놓은 백화점은 기분 좋은 분위기를 빚어 그렇지 않은 곳보다 훨씬 더 많이 물건을 팔 수 있다. 음악을 듣고 좋아진 기분이 마음에 드는 상품 때문이라고 해석하기 때문이다. 그러면 기꺼이 지갑을 열게 마련이다.

반대로 자신이 감정의 혼란이라는 함정에 빠지지 않게 주의해야 할 필요도 있다. 퇴근해서 집에 와 배우자를 보니 '짜증'이 솟구치는가? 전혀 다른 원인으로 짜증이 난 것일 수 있다. 코앞에서 버스를 놓쳤거나 어떤 진상 고객이 당신에게 심통을 부렸거나. 그러니 섣불리 배우자를 상대로 화풀이를 하지 말자.

# 감언이설에 요동치는 심장에
# 쉽사리 흔들리지 않는 법

### • 밸린스 효과 •

토요일 저녁, 최근 인기가 절정인 클럽에서 새로운 사람을 알게 되었다. 앞으로도 계속 만나고 싶은 사람을!

상대를 내 사람으로 만들고 싶다면 어떻게 해야 할까?

☐ 요즘에는 유머 감각이 뛰어난 사람이 최고다. 상대의 셔츠에 음료를 들이붓고 이렇게 말한다. "자, 이제 젖은 옷에서 빠져나와요!"

☐ 마실 것을 사 준다.

☐ 알코올 도수가 높은 술을 사 준다.

☐ 쿵쿵거리는 스피커를 가리키며 의미심장한 눈빛으로 이렇게
  말한다. "들려? 네 심장이 뛰는 소리야. 적외선 장비로 심장 박
  동을 측정해 스피커로 내보내는 거지. 어때, 멋지지 않아?"

---

　물론 네 방법 모두 통할 수 있다. 다소 차이는 있겠지만. 우리
는 마지막 방법을 택해 보자. 그게 가장 엉뚱해 보이니까. 더욱
이 이 방법은 어떤 흥미로운 실험, 결과가 아주 흥미로웠던 한
실험과 아주 흡사하다.

　참가자들을 두 그룹으로 나누어 각각에게 매력적인 모델이
찍힌 사진 열 장을 보여 줬다. 아름다운 모델들이 꼭 가려야 할
곳만 간신히 가린, 이른바 '세미 누드' 사진이었다. 모든 참가자
는 어떤 소리가 규칙적으로 들려오는 헤드셋을 쓰고 있어야만
했다. 처음 다섯 장을 볼 때와는 달리 나머지 다섯 장을 볼 때는
소리가 빨라졌다.

　실험 감독관은 첫 번째 그룹 참가자에게 헤드셋에서 나오는
소리는 잡음이니 신경 쓸 것 없다고 말해 주었다.

　반면 두 번째 그룹 참가자에게는 팔에 심장 박동 측정기를 단
후 헤드셋으로 자신의 심장 박동이 들릴 거라고 거짓말을 했다.

　이후 어떤 모델이 가장 매력적이었느냐는 질문에, 자기 심장

박동 소리를 들었다고 믿은 참가자들은 빨라진 소리가 들렸을 때 보았던 사진 속 모델이 더 예쁘다고 대답했다. 그리고 보상으로 마음에 드는 사진을 가져가도 좋다고 하자 바로 그 사진들 가운데 한 장을 골랐다.

이 효과는 심지어 오래도록 지속되었다. 실험으로부터 넉 주 후까지도 참가자들은 당시 특히 매력적이라고 느꼈던 모델을 전부 기억하고 있었다.

반대로 그냥 잡음일 뿐이라는 설명을 들었던 그룹 참가자는 소리가 빨라졌을 때에도 다섯 사진 속 모델을 특히 매력적이라고 여기지 않았다.

이 차이는 대체 어떻게 설명해야 좋을까?

앞서 살펴본 '감정의 두 가지 요소 이론'에 이미 그 답이 있다. 우리의 감정은 '신체적 흥분과 이 흥분의 해석'으로 이루어진다. 다시 말해서 무엇이 신체적 흥분을 일으키는지 그 원인을 두고 우리는 상당한 혼란을 겪는다. 가짜 심장 박동 실험은 한 걸음 더 나아가 우리가 우리 몸이 정말 흥분했는지조차 확실하게 인식할 수 없다는 점을 보여 준다. 즉 우리는 몸이 흥분했다고 섭사리 착각할 수 있다. 한 참가자는 실제로 이런 말을 했다. "사진을 볼 때 심상이 빨리 뛰기에 그 모델이 매우 아름다운 줄 알았다."

이 심리 법칙은 최초로 실험을 시행한 심리학자 스튜어트 밸린스의 이름을 따 '밸린스 효과'(Valins effect)라고 불린다. 이로써 다른 사람을 흥분시키거나 기분을 가라앉힐 가능성이 열렸다. 밸린스 실험이나 위에서 예로 든 클럽에서처럼 요란할 필요도 없다. 상대방으로 하여금 몸이 흥분했다고 착각하게 할 만한 말 한마디면 충분하다.

"네 심장이 뛰는 게 느껴져, 무슨 일이야, 굉장히 빠른데!"

"왜 그리 뺨이 빨개졌어?"

"완전히 넋이 나간 거 같아, 대체 무슨 일이야?"

이런 방법은 밤에 은밀한 분위기를 만들어 줄 뿐만 아니라, 영리한 점원이 흔히 쓰는 판매 수법이기도 하다. 멋진 구두나 새 자동차를 사러 가거든 이런 말을 조심하자. "와, 딱 손님 거네요!" 다른 사람의 심장에 정신이 팔려 당신의 심장을 무시하는 일은 부디 없기를 바란다.

# 왜 우리는
# 논리보다 감정에 휘둘릴까

친구 한 명과 같이 산다고 가정해 보자. 당신은 마침내 더위에 적극적으로 대처하기로 결심했다. 그 첫걸음으로 에어컨을 장만하려는데 당신이라면 친구를 어떻게 설득할까?

☐ 될 수 있는 한 많은 정보를 제공한다.

　— 최고 출력: 냉방 기능 작동 3400와트

　— 에너지 소비 효율: 1등급

　— 기능: 냉난방, 제습

　— 작동 소음: 외부 52데시벨

— 제품 특징: 리모컨, 타이머, 계기판

☐ 에어컨이 설치된 공간에서 시원하게 파티를 즐기는 사람들의
사진을 보여 준다.

에어컨을 장만하는 김에 냉장고에 모셔 놓을 맥주도 다른 브랜드
로 바꾸면 좋겠다. 어떻게 해야 친구를 설득할 수 있을까?

☐ 될 수 있는 한 많은 정보를 제공한다.

— 최고 알코올 도수: 6.8퍼센트

— 칼로리: 100밀리리터당 1000킬로칼로리

— 종류: 병맥주 또는 캔맥주

— 압력: 100밀리리터당 탄산 가스 0.5그램

— 재료에 따른 분류: 밀맥주, 보리맥주, 흑맥주

☐ 당신이 원하는 브랜드 맥주를 마시며 시원하게 파티를 즐기는
사람들의 사진을 보여 준다.

---

당연히 에어컨과 맥주 설득 전략은 다를 수밖에 없다. 또 친
구와 한집에 같이 살아 본 적이 한 번도 없는 사람도 많으리라.
어쨌거나 에어컨을 구입할 때는 되도록 많은 정보를 찾아 가며

꼼꼼히 따져야 한다. 그러면 맥주는?

맥주야 물론 감정에 호소하는 편이 좋다.

게다가 에어컨을 틀어 놓고 시원하게 즐기는 파티 사진이라는 것은 대체 어떻게 찍어야 하나? 에어컨이 켜져 있는지 분명하게 찍히는 경우도 드물 것이다. 반대로 맥주 파티 사진은 여기저기 널려 있다.

왜 때로는 논리가, 때로는 감정이 더 호소력 있을까?

이 질문의 답을 얻기 위해 '태도 변화'(Attitude change)를 다룬 아주 흥미로운 연구 결과를 살펴보자. 영어로는 Attitude, 독어로는 Einstellung라고 하는 '태도'는 우리가 사람이나 사물을 평가하는 방식을 나타내는 심리학 전문 용어다. '전문 용어'라고 해서 일상에서 쓰는 단어와 커다란 차이가 있는 것은 아니다.

우리가 어떤 상품을 구입할지 말지, 또는 어떤 사람의 청을 들어줄지 말지 하는 고민의 답은 바로 태도에 달려 있다. 사람의 태도가 언제 어떻게 바뀌는지 알 수 있다면 광고뿐만 아니라 일상생활에서도 우리는 큰 도움을 받는다. 먼저 태도라는 것이 '어떻게 생겨나는지' 분명히 해 보자. 태도는 전혀 다른 네 가지 요소로 이루어진다.

많은 연구자들은 '태도'에 '유전적 요소'가 들어 있다고 본다. 일란성 쌍둥이의 태도는 아주 비슷한 것으로 확인되었기 때문이다. 완전히 떨어져 성장해 서로 전혀 모르는 일란성 쌍둥이도 태도는 비슷했다. 이로 미루어 몇몇 태도는 타고나는 것이라고 결론지을 수 있다. 그런 유전적 요소로 나타나는 태도는 주변 환경이나 다른 사람의 의도에 잘 영향을 받지 않는다. 즉 당신 친구에게 에어컨을 싫어하는 유전적 요소가 있다면 에너지 효율 1등급이라는 정보도 아무 소용이 없는 것이다.

다음으로 생각할 수 있는 것은 '정서적 요소'다. 이는 곧 감정이다. 우리는 특정 인물이나 사물에 긍정적이거나 부정적인 감정을 품는다. 어떤 물건이나 사람을 좋아하거나 싫어한다는 뜻이다.

세 번째로 '인지 요소'가 있다. 이는 의식적으로 정보를 처리하는 것을 말한다. 쉽게 말해 '생각'이다. 우리는 주장이나 논리 혹은 정보를 파악하고 생각한 후 판단한다.

마지막으로 '행동에 기초한 요소'를 꼽을 수 있다. 태도는 우리가 어떤 특정 상황에서 어떤 행동을 보일지 예견할 수 있게 해 준다. 또 거꾸로, 행동을 보고 그 사람의 태도를 유추해 내기도 한다.

이제 두 가지 중요한 사실을 확인할 수 있다.

첫째, 네 가지 요소가 모든 태도에 똑같이 강하게 작용하지는 않는다. 합리적으로, 곧 '인지 요소'가 작용하는 태도가 있는가

하면 감정적으로, 곧 '정서적 요소'가 강하게 작용하는 태도도 있다.

둘째, 우리는 태도 변화를 그 태도의 주축을 이루는 요소를 통해서만 이끌어 낼 수 있다. 그러니까 논리에서 비롯한 태도는 논리로, 곧 합리적인 생각을 통해서만 바뀐다. 감정에 따른 태도는 논리가 아니라 감정으로만 바꿀 수 있다.

결정적인 문제는 '어떤 태도가 논리에서, 또 어떤 태도가 감정에서 비롯할까?' 하는 것이다.

여기서 먼저 생각해 볼 것은 어떤 사안이 우리와 얼마나 직접적으로 관련되었는가 하는 질문이다. 어떤 에어컨을 구입할까 하는 문제는 어느 정당에 표를 줄까 하는 물음과 같을 수 없다. 선거권을 행사하는 문제는 에어컨처럼 나에게 직접적인 영향을 주지 않는다.

그렇다면 맥주를 사는 것도 에어컨과 비슷하지 않느냐는 반문이 생길 수 있다. 내 냉장고에 무슨 맥주가 들었는가 하는 문제는 나와 직접적인 관련이 있기 때문이다.

그러나 여기에서 두 번째 기준이 등장한다. 대다수 사물에는 사용 가치가 있다. 우리는 물건을 고를 때 얼마나 쓸모 있는가 따져 본다. 이런 쓸모는 우리가 '사회 정체성'이나 '자기 지각'이라 부르는 것과는 전혀 다르다. 쓸모에서는 논리를, 정체성과

지각에서는 감정을 각각 주목하기 때문이다.

"그렇지만 맥주에도 가치가 있다!"라고 얼마든지 강하게 반론할 수 있다. 분명 기분 좋게 취하게 해 주는 쓸모 덕분에 알코올 도수를 따져 맥주를 고르기도 한다. 그러나 사용 가치를 따지는 소비재로 보지 않고 다른 관점에서 맥주를 바라보는 사람이 훨씬 많다. 맥주는 논리적 판단의 대상이 아니라 분위기와 감정을 북돋워 주는 기호품이기 때문이다.

에어컨, 진공청소기, 블라인드, 보일러, 손목시계 같은 물건을 구입할 때 우리는 합리적으로 판단한다. 그리고 상당히 많은 다른 것, 이를테면 배우자, 애인, 반려동물, 샴페인 등은 쓸모보다 감정을 따른다.

쓸모를 따지거나 논리적으로 접근하는 일은 오히려 아주 드물다. 우리가 인생을 살아가며 내리는 결정의 대부분은 감정을 따른다.(적어도 감정을 배제하기 힘들다.)

아마도 이미 눈치챘겠지만 우리가 일상생활에서 사람들을 설득할 때는 위에서 살펴본 것과 정반대다. 우리는 논리부터 들이댄다! 토론으로 상대를 제압하려 한다!

솔직히 그런 방식으로 상대를 설득하는 일은 지극히 드물다. 50년 결혼 생활을 하면서도 대다수 부부는 늘 똑같은 문제를 두고 똑같은 논리로 충돌하며 다툰다. 자신의 생각에서 단 1밀리미터도 움직이는 일이 없다. 많은 정치가는 50년 동안 토론이나 토크쇼에서 똑같은 주장만 앵무새처럼 읊어 댄다. 그래도 "맞아요! 당신 논리에 설득당해 버렸네요. 내 생각을 바꿀게요!" 하는 말은 듣지 못한다. 사장과 연봉 협상을 할 때는 그동안 내가 얼마나 많은 성과를 냈는지 보라며 열변을 토한다. 그러나 실력이나 성과가 아니라 호감이 더 많은 돈을 이끌어 낸다는 사실을 명심하자.

감정에 의존하는 상대를 논리로 설득하려고 하면 결국 막판에 지쳐 포기할 뿐이다. 그리고 이렇게 투덜댄다. "저 사람은 도대체 남의 이야기라고는 들으려 하지 않는군." 또는 "원 저렇게 고집이 세서야!"라고 할 따름이다.

그러나 문제는 잘못 접근한 당신에게 있다. 논리가 아니라 감정이 중시되는 경우가 훨씬 많다는 사실을 염두에 둔다면 상대방의 태도 변화를 이끌어 내기는 생각보다 어렵지 않다.

# 누군가를 설득하고 싶다면
# 사소한 칭찬부터 하라

• 사회성 튜닝 •

회장이 사옥 옥상에 헬리콥터 착륙장을 만들겠다고 한다. 잦은 출장 때문에 헬기를 이용하겠다나. 그것도 세 대나. 그래야 동시에 이륙하고 착륙할 수 있으며 나머지 하나는 비상시에 활용한다는 복안이다.

당신은 못마땅해서 견딜 수가 없다. 옥상 화단에 매우 희귀한 딱정벌레 두 마리가 살기 때문이다. 그래서 당신은 착륙장 반대 서명 운동을 벌이기로 결심했다.

시큰둥한 표정만 짓는 동료들을 서명 운동에 참여하게 하려면 어떻게 설득해야 할까?

제2부  돈, 일, 인간관계에서 원하는 것을 얻기 위한 마음의 요령들

□ 희귀 딱정벌레의 운명과 더불어 모든 생명체는 서로 의존해 살아간다며 열변을 토한다.

□ 동료에게 로션 향기가 참 좋다고 말해 준다.

---

논리로 많은 것을 얻어 낼 수 없다는 점은 앞서 살펴보았다. 물론 논리가 통하는 경우가 아주 없는 것은 아니다. 어떤 결정에 이해관계가 달려 있어 자신에게 직접 영향을 미친다면 논리도 통하기는 한다. 이를테면 딱정벌레가 멸종한다면 그 연쇄 반응으로 커피 재배가 어려워져 사무실에서 커피를 마실 수 없게 된다는 말에 동료가 솔깃할 수는 있다. 그러나 정말 이렇게 설득할 수 있을까?

두 번째 방법은 참 간단해 보이기는 한다. 그저 동료의 싸구려 로션을 칭찬해 주기만 하면 될까?

실제로 이 방법이 한결 손쉬울 뿐만 아니라 심지어 대단히 효과적이다. 인간이 좋아하는 사람의 의견은 고스란히 받아들이는 반면 좋아하지 않는 상대의 말은 들어 보기도 전에 멍청한 소리로 낙인 찍는다는 사실은 과학으로 증명되었다. 말의 내용을 생각해 보는 일도 거의 없다. 즉 논리는 통하지 않는다.

심리학은 이런 현상을 '사회성 튜닝'(Social tuning)이라 부른다. 우리는 끊임없이 자신의 생각을 주변 사람과 맞추려 한다. 우리가 무슨 생각을 하는지 알리고 싶어 하며, 서로의 생각을 비교하고 상대 것을 받아들이거나 거부한다. 현실이라는 것은 이렇게 해서 빚어진다. 이 현실을 전문 용어로는 '공유 현실'(Shared reality)이라고 한다.

현실을 주변과 더 많이 '나누려' 하면 할수록 우리는 그만큼 더 현실에 만족하며 살아간다. 좋아하는 사람과 나누는 현실이 최고로 좋은 현실이다. 내가 좋아하는 사람이 나를 인정해 주면 기분이 정말 좋다. 그래서 우리는 자신의 생각과 의견을 좋아하는 사람과 나누려 한다.

정교하게 준비된 한 실험은 이런 심리를 아주 인상 깊게 확인해 준다. 미국의 실험에서 백인 대학생들을 모아 놓고 시력 테스트에 참여하면 학점을 주기로 했다.(물론 진짜 실험 내용은 전혀 알려 주지 않았다.)

실험 감독관은 여성이었다. 이 사람은 '이레이시즘'(Eracism), 즉 '인종주의'(Racism)를 '지우자'(erase)라는 뜻의 인종 차별 반대 문구를 가슴에 새긴 티셔츠를 입고 있었다. 피실험자들이 문구를 확실히 인지하도록 직접 설명하기까지 했다.

감독관은 첫 번째 그룹을 대단히 친절하게 대했다. 밝은 미소를 짓고 시간을 내 줘 고맙다며 사탕을 나누어 주기도 했다.

그러나 다른 그룹에게는 무척 불친절하게 굴었다. 사탕 봉지를 옆으로 밀쳐 버리며 거칠게 말했다. "이런 건 잊어버려요. 다른 감독관은 참가자에게 나누어 주지만, 제가 보기에 여러분은 학점을 얻는 것만으로도 충분해요."

그런 다음 피실험자들은 모니터에 띄운 단어가 마음에 들면 G(good)를, 나쁘면 B(bad)를 누르라는 지시를 받았다.

아주 간단한 시력 테스트로 보이지만 사실은 아주 정교한 실험이었다. 모니터에 새로운 단어를 띄우기 직전에 약 0.0017초동안 백인이나 유색인의 얼굴이 나타났다. 너무도 짧은 순간이라 누구도 인지할 수는 없었다. 그러나 참가자의 머리에 이른바 '도식'이 작용하기에는 충분한 시간이다. 여기서 도식이란 백인과 유색인을 바라보는 태도를 뜻한다. 사람의 머릿속에서 도식은 '점화 효과'(Priming effect)를 불러일으킨다. 무의식적인 선입견을 드러내게 하는 것이 이 '점화 효과'다. 참가자들의 반응 시간을 측정해 보자 유색인을 싫어하는 참가자는 유색인의 사진을 보고 나서 어느 정도 머뭇거리다가 G를 눌렀다. 선입견 탓에 모니터에 나타난 좋은 단어를 인식하는 데 시간이 걸린 것이다. 이 반응 시간으로 선입견 요소를 계산해 낸다. 그러니까 이 실험은 시력 테스트가 아니라 선입견 테스트다.

그렇다면 분명하게 인종주의를 반대한 여성 실험 감독관의 역할은 무엇일까? 참가자는 그에게 어떤 영향을 받았을까?

실제 확인된 사실은 이렇다. 환대받은 그룹은 그렇지 못한 그룹에 비해 유색인을 나쁘게 보는 선입견이 훨씬 적어진 것으로 나타났다. 첫 번째 그룹은 감독관의 태도를 고스란히 받아들였다. 이는 그만큼 감독관을 마음에 들어 했다는 뜻이다. 그리고 이 모든 현상은 전혀 의식되지 못한 가운데, 말하자면 지극히 자동적으로 일어났다.

요점부터 이야기하자. 당신은 이처럼 간단하게 세상을 바꿀 수 있다! 티셔츠에 멋진 구호를 새기고 다른 사람들을 친절하게 대하라.

이는 일상에서도 고스란히 통하는 방법이다. 우리는 인생을 놓고 논리를 따져 가며 입씨름을 벌이지만, 결국 문제의 핵심은 상대가 나를 좋아하느냐 아니냐 하는 것일 따름이다. 이런 원리를 터득한 사람이라면 논쟁을 벌이느라 시간을 허비할 게 아니라, 자신의 호감 지수를 높이는 데 시간을 활용한다.

심리학 전문 용어로, 상대방의 환심을 사려고 하는 이런 행동을 '아부'(Ingratiation)라고 한다. 어째 어감이 이상하다고? 그렇다고 해서 진지한 연구 결과를 그냥 무시해 버려서는 안 된다.

물론 아부에는 몇 가지 규칙이 있다. 예를 들어 사람들은 이럴 때 우리를 좋아한다.

□ 외모, 성격, 취향 등이 비슷하거나 고향이 같을 때. 이런 심리가 '유사성 원리'(Principle of similarity)에서 비롯한다는 것을 우리는 이미 알고 있다.

□ 되도록 자주 만날 때. 여기에서는 '단순 노출 효과'(Mere exposure effect)가 작용한다.

□ 상대를 좋아한다고 느낄 때. '상호성 원리'(Reciprocity principle) 임을 역시 알고 있다.

□ 자신의 자존감을 키워 줄 때. 이 경우를 '타인 가치 상승'(Other enhancement)이라고 한다.


그리고 상대방의 자존감은 그를 칭찬해 줌으로써 확실하게 키워 줄 수 있다. 우리는 칭찬의 힘을 너무도 가볍게 보는 경향이 있다! 이와 관련해서는 아주 흥미로운 실험이 있다. 레스토랑 종업원이 어떻게 해야 많은 팁을 받는지 알려 주는 실험이었다. 종업원은 주문을 받은 뒤 일부 손님에게 "정말 훌륭한 선택이에요!"라고 칭찬을 하고 다른 손님들에게는 이런 말을 하지 않았다. 나중에 확인해 본 결과, 칭찬을 받은 쪽은 팁을 아주 많이 주었다.

사람의 마음을 사로잡기란 이처럼 간단하다. 그러면 이제 당신도 어떻게 해야 딱정벌레를 구할 수 있는지 알았으리라. 딱정벌레도 고마워할 것이 틀림없다. 물론 당신은 회장에게 미움을 받을 수도 있다. 헬기 착륙장을 만들지 못해 심통이 나서 어쩌면 승진 심사에서 당신을 탈락시킬 수도 있다. 그러나 이런 것이 세상이다. 마음을 사로잡는 법을 깨우쳤다고 해도 우리는 모두를 만족시킬 수는 없다.

# 다수의 선플보다 소수의 악플에
# 더 많이 휘둘리는 이유

• 죽음이 생명보다 강하다 효과 •

당신 아들은 수능 시험을 앞두고 있다. 그런데 대학에 합격할 수
있을지 불안하다. 특히 수학 성적이 좋지 않아 걱정이 크다.

마침 이웃집에 수학과 교수가 산다. 그러면 아들에게 속성 과외를
해 줄 수 있을 거 같다. 도움을 청하고 싶은데 어떻게 물어보면 좋
을까?


□ "대학에 합격할 수 있게 아들을 도와주시겠습니까?"

□ "대학에 떨어지지 않게 아들을 도와주시겠습니까?"

우선 떠오르는 대답은, 오늘날 세계 도처에 만연한 태도와 어울리는 쪽이다. 위기보다는 기회에 집중하자! 실패를 두려워하기에 앞서 긍정적으로 생각하자! 약한 모습을 보이기보다 강점을 자랑하자! 그러니 첫 번째 질문을 고르는 건 조금도 이상해 보이지 않는다. 게다가 훨씬 멋지게 들린다.

하지만 그 선택이 정말 아들에게 도움을 줄 수 있을까? 실제로는 승리를 가능하게 해 달라기보다는 실패를 막아 달라는 부탁을 훨씬 기꺼이 들어준다는 사실이 여러 연구를 통해 확인되었다.

어떻게 해야 사람들로 하여금 헌혈을 하게 만들지 조사하는 실험이 있었다. 잠재적 헌혈자에게 두 가지 방식으로 호소해 보았다. "지금 행동하세요! 어려움에 처한 사람의 생명을 구하세요!" 그리고 "망설이지 마세요! 어려움에 처한 사람의 죽음을 막아 주세요!"라고.

실제로 죽음이라는 단어가 나온 메시지는 60퍼센트나 더 많은 사람의 마음을 움직여 헌혈을 하게 만들었다! 우리는 생명의 은인이 되기보다는 죽음을 막아 주는 역할을 선호한다.

독일에서는 "헌혈합시다. 목숨을 구합니다!"라는 슬로건이 유명하지만 이 구호로 동기 부여를 받은 사람은 매년 500만 명에 채 이르지 못한다. "죽음을 막아 주세요!"라고 호소할 때 최소

300만 명은 더 헌혈을 할 것으로 확인된다는 과학적 연구 결과도 있다.

죽음이 생명보다 훨씬 강한 호소력을 보이는 효과는 실제 생사가 걸린 문제에서만 나타나지는 않는다. 실직으로 곤경에 빠진 가족에게 돈을 기부하거나 가장의 구직을 돕는 경우를 조사한 실험이 있었다. 호소문의 차이는 그야말로 경미했다. 하나는 가족의 상황을 "개선해 주자!"였고 다른 하나는 상황을 "더 악화하지 말자!"였다.

어찌 보면 말장난처럼 들리는 이야기다. 그러나 실험 참가자는 여기에서도 부정적인 표현을 담은 두 번째 호소에 마음을 움직였다.

도대체 이런 연구 결과를 어찌 설명해야 좋을까?

우선 떠올릴 수 있는 것은 지극히 이기적인 동기가 작용한다는 점이다. 우리는 누구나 자신이 중요한 인물이기를 원한다. 역사의 흐름이 '나'를 중심으로 진행되기를 간절히 바란다. 만약 어떤 사람이 입을 직접적인 피해를 막아 줄 수만 있다면, 그 사람에게 '나'는 굉장히 중요한 사람이 된다. 그만큼 우리 행동은 훨씬 의미심장해지는 것이다. 반대로 상대에게 '고작' 어떤 이득을 준다거나 그의 상황을 약간 개선해 주는 행동은 무슨 대단한 의미가 있는 것처럼 보이지 않는다. 그다지 자극적이지 않다. 앞서 살펴본 사례들이 보여 주듯 같은 사안이라 해도 표현을 어떻게 하느냐에 따라 결과는 커다란 차이를 보인다.

여기에 또 다른 효과가 작용한다. 최근 여행을 예약하거나 소설책을 샀던 경험을 떠올려 보자. 오늘날 이 모든 것에는 인터넷에 댓글과 평점이 달린다. 당신은 어떤 리뷰를 먼저 읽었는가? 그리고 무엇이 구입 여부에 결정적으로 작용했는가? 아마도 숱하게 달린 호평보다 몇 안 되는 악평이 결정적인 영향을 주었으리라.

연구 결과에 따르면 실제 우리는 부정적인 정보를 긍정적인 것보다 더 오래, 더 깊게 살펴본다. 우리는 어떤 상품의 좋은 점과 나쁜 점을 따로 잘 정리해 일대일로 비교해 가며 종합적인 평가를 내리지 않는다. 오히려 우리는 악평을 훨씬 중시한다. 아무리 호평이 많이 달렸어도 악평 하나에 우리 마음은 결정적으로 흔들린다.

어떤 것을 얻어서 기뻐하는 마음보다 잃어서 느끼는 아픔이 훨씬 더 큰 법이다. 심리학에서는 이를 '소유 효과'(Endowment effect)라고 한다. 주유소 기름값이 2센트 떨어져 기쁜 것보다 2센트 올라 속상한 마음이 훨씬 더 크게 다가오지 않던가?

특히 직장 생활은 "기회를 잡으라!", "목표에 충실하자!" 또는 "가능성에 주목하자!" 따위의 구호로 넘쳐 난다. '성과급'과

'성공 보너스'로 '목표 달성'과 '실적 쌓기'에 동기를 부여하려고 한다. 모든 게 지겨울 정도로 긍정적이다! 그리고 거의 모두 효과가 없다. 기본급을 올려 준 후 실수할 때마다 일정액을 차감하는 방식이 훨씬 효율적이다. 결국 수령액은 같아도 잃는 게 싫어 더욱 열심히 일하기 때문이다.

상대방에게 뭔가를 원한다면 좀 더 부정적으로 생각해 보라. 기회를 거론할 게 아니라 가능한 손실을 이야기해 주자. 앞서 든 예에서 아들이 시험 준비를 더 열심히 하도록, 합격하면 멋진 여행을 보내 주겠다고 당근을 내거는 것도 물론 하나의 방법이기는 하다. 그러나 반대로 시험에 떨어지면 지금껏 마음대로 타고 다니게 내버려 뒀던 최고급 자전거를 못 타게 하겠다고 선언해 보는 것은 어떨까? 물론 비열한 방법이기는 하다. 어째 '처벌'처럼 들리기 때문이다. 그리고 부정적이다. 그러나 이 방법이 훨씬 효과가 좋다. 그리고 당신은 돈도 아낄 수 있다.

# 일단 거절당하라,
# 그러고 나서 '진짜' 제안을 하라

당신은 출퇴근용 교통카드 경비를 경영진이 부담해 주길 바란다. 물론 사장은 직원의 희망 같은 건 무시하기로 악명이 높다. 어떻게 하면 현명하게 원하는 것을 얻을 수 있을까?

□ 사장에게 출퇴근용 회사 차량으로 포르쉐를 제공해 줄 수 있는지 묻는다. 무슨 터무니없는 요구냐고 반발하면 그때 교통카드 이야기를 꺼낸다.

□ 출퇴근용 회사 차량으로 포르쉐 아니면 교통카드가 필요하다고 말한 후 선택은 사장에게 맡긴다.

☐ 이리저리 돌려 가며 이야기하다가 적절한 기회에 교통카드를
  거론한다.

---

  누군가를 설득하려면 대화 도중 될 수 있는 한 '예스'(Yes)를
얻어 내야 한다는 말을 자주 듣는다. "고객에게 '노'(No)라고 말
할 기회를 주지 말라." 판매왕 노트에 쓰여 있는 말이다. 우리는
일상에서 늘 무엇인가 누구에게 어떻게든 '팔아야' 한다.
  그러나 '노'라는 말이 정말 그렇게 아니기만 할까?
  대학생들을 상대로, 소년원 아이들이 동물원으로 소풍을
갈 때 기꺼이 동행하겠느냐고 묻고 반응을 살펴보는 실험이
있었다.
  첫 번째 그룹에게는 곧이곧대로 물었다. "소년원 원생들을
데리고 동물원으로 소풍을 가려는데 자원봉사자를 찾고 있어.
오후나 저녁때 두 시간 정도 걸릴 거야. 자원할 사람?"
  반면 두 번째 그룹은 너무나 염치없는 부탁에 어안이 벙벙해
지고 말았다. "정기적으로 소년원 청소년들을 돌봐 줄 자원봉
사자를 찾고 있어. 매주 두 시간씩 최소 2년 동안. 관심 있는 사
람?" 놀랍지 않게도 여기에 지원한 참가자는 아무도 없었다. 거
부 의사를 확인한 후 곧바로 다른 제안을 해 보았다. 동물원 소

풍을 갈 때 단 한 번, 두 시간 동안만 도와 달라고!

세 번째 그룹에게는 두 가지 프로그램에 참여할 자원봉사자를 급히 찾고 있다고 했다. 매주 소년원 아이들을 돌보는 일과 동물원 소풍에 동행하는 일이며 둘 가운데 어느 하나라도 맡아 줄 수 있는지 물었다.

결과는 의미심장했다. 곧이곧대로 이야기를 들은 첫 번째 그룹에서 동물원 소풍에 동행하겠다고 답한 대학생은 여섯 명 가운데 고작 한 명꼴이었다. 선택 가능성을 받은 세 번째 그룹에서 봉사를 자처한 학생은 네 명 가운데 한 명꼴이었다.

지원 비율은 두 번째 그룹에서 급격히 높아졌다. 무리한 요구에 당황했다가 한결 안심한 참가자들은 두 번째 제안을 듣고 두 명 가운데 한 명, 곧 50퍼센트가 지원했다.

무리하고도 뻔뻔한 부탁을 하고 일단 '노'라는 대답을 들었을 때에 비해서 '예스'라는 대답을 얻어 낸 확률이 세 배나 높아진 것이다. 이런 경우를 두고 심리학은 '면전에서 문 닫기'라고 한다. 먼저 문전 박대로 암담한 심정을 맛보게 하고는 두 번째, 사실은 원래 의도했던 문을 살그머니 열어 주는 것이 바로 '면전에서 문 닫기 효과'(Door-in-the-face effect)다.

이 효과를 뒷받침해 주는 것이 이른바 '상호성'이다. 쉽게 말해서 주는 것이 있어야 오는 것도 있다는 게 '상호성 원리'다.

상호성 원리는 우리 인생의 모든 관계, 업무상이든 사적이든, 심지어 지극히 내밀한 애정 관계에서도 지배적인 영향을 끼친다. 언제나 우리는 주고받음이 균형을 이루도록 신경 쓴다. 균형이 깨지면 불편하고 화가 난다. 양쪽 모두가 나쁜 기분에 사로잡힌다. 지나치게 많이 받은 쪽, 말하자면 '과도한 보상'을 받은 사람도 기뻐하지 않는다. 오히려 어떻게든 균형을 이루려고 시도한다. 한 실험에서 감독관이 참가자에게 청량음료를 주고는 나중에 좋은 목적으로 쓰일 테니 복권을 사 달라고 부탁했다. 청량음료를 선물받은 참가자는 그렇지 않은 쪽에 비해 복권을 훨씬 많이 샀다. 음룟값과는 비교도 할 수 없을 정도로 비싼 복권을!

부담스러운 부탁에서 한 걸음 물러나 훨씬 작은 부탁을 하면 상대방은 이를 배려로 받아들인다. 그리고 균형을 회복하기 위해 자신도 그에 부합하는 행동을 보이려 한다. 그래서 한결 수월해 보이는 부탁 정도는 들어주려는 심리가 나타난다.

그런데 똑같은 상황에서 면전에서 문 닫기 효과가 일어나지 않기도 한다. 서로 다른 두 사람에게 연달아 부탁을 받을 때가 그렇다. 무리한 부탁에서 사소한 부탁으로 한발 물러난 사람이 동일 인물이 아니기에 당사자는 '배려'해야 할 필요성을 느끼지 못하기 때문이다.

여기서 우리는 무엇을 배울 수 있을까? '노'는 '예스'를 이끌어 낼 확률을 높여 준다! 예를 들어 당신의 가족이 최소한 한 번쯤 자기 방을 청소해 주기 바란다면 먼저 집 안 대청소를 도와달라고 해 보라.(물론 큰 기대는 걸지 말고.) 집주인이 욕조를 설치해 주기 바란다면 먼저 집 전체를 수리해 달라고 요청해 보라.

하지만 당신 역시 면전에서 문이 닫히는 경우를 당하지 않도록 조심해야 한다. 만약 점원이 눈이 튀어나올 정도로 비싼, 물론 그만큼 예쁜 블라우스를 한번 걸쳐 보라고 권한다고 하자. 그러면 저렴한 옷 하나라도 사 주지 않고 가벼운 발걸음으로 가게를 나설 수 있을까?

# 누군가의 마음을 얻고 싶다면
# 호의를 베풀 기회를 주자

• 벤저민 프랭클린 효과 •

사무실에 새 직원이 들어왔다. 당신은 친밀하게 굴며 그가 당신을 좋아해 주길 바란다. 내심 금요일 야간 근무를 이 신참이 대신 해 주면 참 좋을 텐데 하는 기대도 품어 본다. 그날 저녁 다른 일정이 있기 때문이다. 새 직원의 호감을 사려면 어떻게 해야 할까?

☐ 회사 근처 편의점에서 뭔가를 사다가 선물하여 호감을 산다.
☐ 회사 근처 편의점에서 뭔가를 사다 달라고 정중하게 부탁한다.

첫 번째 방법이 통할 것은 당연하다. 이른바 '상호성 원리'를 바탕으로 한다. 내가 누군가에게 뭔가 좋은 걸 선물한다면, 상대는 균형 회복을 위해 나에게도 그에 상응하는 것을 해 주게 마련이다. 다만 너무 속 보이는 '아부' 같다며 낯 뜨거워하는 사람도 적지 않다.

그런데 반대 경우라면 훨씬 편하고, 사람들의 눈총도 덜 받지 않을까. 말하자면 상대방이 먼저 당신에게 호의를 베풀도록 유도할 수만 있다면, 나중에 답례하기도 한결 자연스러울 게 틀림없다.

기쁘게도 이런 전략 역시 통한다. 미국 정치가 벤저민 프랭클린은 자신이 어떻게 정적(政敵)의 호감을 샀는지 이야기한 적이 있다. 그 정적이 어떤 희귀 판본 책을 가지고 있더라는 소문을 들은 프랭클린은 그 책을 빌려 달라고 청했다. 그는 프랭클린에게 기꺼이 호의를 베풀었으며 이후 두 남자는 적대 관계에서 벗어나 평생에 걸쳐 우정을 나누었다. 프랭클린은 이 경험을 이렇게 요약했다. "당신에게 한번 호의를 베푼 사람은 당신이 호의를 베풀어 주었던 사람에 비해 더 쉽고 자연스럽게 계속해서 당신에게 호의를 보인다." 여기에서 비롯된 것이 '벤저민 프랭클린 효과'다.

이 효과는 피뢰침을 비롯해 여러 유용한 발견을 한 부지런한 남자의 우연한 관찰에 그치지 않는다. 과학으로도 입증되었다. 한 실험에서 참가자들은 어떤 시합에 참가한 후 우승할 경우 상당한 액수의 상금을 받았다. 나중에 실험 감독관은 몇몇 참가자에게 돈을 돌려 달라고 간절히 부탁했다. 자비를 털어 상금을 마련한 탓에 경제적으로 심각한 어려움을 겪고 있다며, 돌려주면 대단히 고맙겠다는 말도 덧붙였다.

두 번째 그룹에게는 비서에게 상금을 반납해 주지 않으면 연구소가 문을 닫을 수도 있다고 호소했다.

세 번째 그룹은 그런 호의를 베풀어 달라는 청을 받지 않았다. 참가자들은 그저 상금을 챙겨 집으로 돌아갔다.

나중에 참가자들을 대상으로 감독관의 호감도 조사가 이뤄졌다. 가장 큰 호감을 표시한 쪽은 첫 번째 그룹이었다. 요구를 받지도, 돈을 돌려주지도 않은 세 번째 그룹은 감독이 누구인지 잘 기억조차 하지 못했다. 비서를 통해 돈을 반납한 두 번째 그룹의 호감 지수는 그 중간 어디쯤이었다.

직접 요청이나 부탁을 해 오는 사람에게 호의를 베풀어 주면서 우리는 실제로 그 상대를 더 친근하게 여긴다.

이런 효과 역시 우리의 게으른 두뇌에서 비롯한다. 우리 뇌는 모든 게 맞아떨어져 생각과 행동 사이에 조화가 이루어질 때 상대방을 가장 좋아한다. 모순을 해결하기 위해 애쓰지 않고 편안하게 쉴 수 있기 때문이다. 생각과 행동 사이에 빚어지는 부담스러운 모순, 이것을 심리학은 '인지 부조화'(Cognitive dissonance)라고 한다. 좋아하는 상대에게만 호의를 베푸는 것을 '당연하게' 여기는 탓에 한번 부탁이나 요청을 들어주면 그 사람을 좋아하는 것이라고 우리 뇌가 지레 못 박아 버리는 셈이다.

생각과 행동이 조화를 이루는 덕에 우리 뇌는 다음에 그 사람, 곧 우리가 좋아하는 게 틀림없는 사람을 만나면 새로운 부탁도 기꺼이 들어주려 한다. 즉 당신이 누군가에게 먼저 다가가 부탁을 하는 순간 이미, 또 다른 부탁을 할 문이 활짝 열리는 것이다.

이 '벤저민 프랭클린 효과'는 이른바 '문간에 발 들여놓기 기법'(Foot-in-the-door technique)의 바탕이기도 하다. '면전에서 문 닫기 효과'가 '노'로 '예스'를 이끌어 내는 전략인 반면 '문간에 발 들여놓기 기법'은 '예스'로 '예스'를 유도하는 방법이다. 먼저 어떤 이에게, 상식이 있는 사람이라면 거부할 수 없는 작은 부탁을 한다. 그러니까 아무 필요 없는 아주 사소한 부탁으로 상대의 경계를 살짝 풀어 주고 마음의 문을 열게 한다. 본격적인 커다란 부탁은 나중에 기회를 보기로 하고 접어 둔다. 여기서 중요한 것은 사소한 부탁을 들어준 것에 보답을 해서는 '안 된다'라는 점이다. 보답을 해 주면 상대방은 주고받음이 이뤄진 것으로 여겨 더는 호감을 키우지 않는다. 보답을 해 주지 않는다면 상대방의 뇌는 '아, 저 사람이 좋아서 그 부탁을 들어 준 거야!' 하고 자신의 행동을 합리화한다. 자신의 행동을 호감 말고는 다른 무엇으로 설명할 수 없기 때문이다.

어느 정도 시간이 흐르고 적당한 기회를 보아 진짜 노렸던 커 다란 부탁을 해 보라. 상대방은 예전 행동과 모순된 모습을 보 이고 싶지 않기 때문에 이 '부담스러운'(?) 부탁도 들어준다.

그렇다면 거꾸로 당신이 다른 사람의 부탁을 들어주어 뭔가 큰 손해를 보는 일이 없도록 조심할 필요도 있다! 우리는 보통 상대의 부탁을 들어주면 그것으로 문제가 끝났다고 여긴다. 즉 상대가 우리에게 빚을 졌다고 보는 셈이다. 그러나 진실은 다르 다. 우리 뇌는 앞으로도 계속 그 사람의 부탁을 들어주라고 우 리에게 강요한다. 손해를 보면서까지 도와준 모순된 행동을 호 감이라고 세뇌한 탓이다. 이런 악순환을 막는 가장 좋은 방법은 첫 부탁에 단호하게 '노' 하고 말하는 것이다.

새로 들어온 직원에게 야근을 떠넘기는 문제로 다시 돌아가 보자. 편의점에서 초콜릿을 하나 사다 달라는 당신 부탁을 이미 그가 들어줬다면 '예스'라는 답을 얻어 낼 확률이 아주 높을 것 이다.

이성을 유혹하기 위해 처음으로 말을 거는 흔한 방법, 이를테 면 "저, 혹시 ○○ 식당에 가려면 어디로 가야 하는지 아세요?"

하고 묻는 건 사실 그리 나쁜 방법이 아니다. 진부한 것 같지만 벌써 물꼬는 트이지 않았는가.

# 사랑하는 사이에도
# 이익과 손해를 따져야 하는 이유

**• 투자 모델 •**

배우자와 앞으로 얼마나 더 잘 지낼 수 있을지, 몇 년 혹은 며칠일

지 자문하는 당신에게 묻겠다.

어떻게 해야 분명한 답을 얻을 수 있을까?


☐ 일종의 입출금 거래 내역을 만들어 본다.


입금 내역

   — 두 번째 데이트에서 영화 초대받기         7.50유로

   — 꽃다발         40.00유로

| | |
|---|---|
| — 텔레비전 보면서 발 마사지 해 주기 | 80.00유로 |
| — 일요일 아침 침대로 커피 서비스 | 70.00유로 |
| — 애무해 주기 | 6500.50유로 |
| 합계 | 6698.00유로 |

지출 내역

| | |
|---|---|
| — 첫 데이트에서 커피값 지불 | 2.90유로 |
| — 더러운 양말 아무 데나 벗어 놓기 | 100.00유로 |
| — 축구 경기 시청하기 | 50.00유로 |
| — 한밤중에 코 골기 | 70.00유로 |
| — 엄청나게 창피한 파카 입고 다니기 | 6000.00유로 |
| 합계 | 6222.90유로 |

결산: +475.10유로

□ 다른 방법을 찾아본다.

---

말도 안 되는 소리라고 화를 내며 '다른 방법을 찾아본다.'를
골랐다고? 하지만 당신은 당신도 모르는 사이에 이런 입출금

내역 비교를 하고 있다는 사실을 아는가? 최소한 이와 비슷한 방식으로라도. 이런 걸 심리학은 '투자 모델'(Investment model, 이 개념의 정확한 명칭은 '밀접한 관계의 투자 모델'(Investment model of close relationships)이다. 네덜란드 심리학자 캐릴 루스볼트가 처음 발표했다.— 옮긴이)이라고 한다.

'투자 모델'이 의미하는 바는 간단하다. 우리는 관계를 이어가면서 항상 얼마나 투자했고 어떤 소득을 얻었는지 끊임없이 비교한다. 일종의 '지출-소득-대차 대조표'를 만드는 셈이다. 머릿속으로 이런 중간 결산을 하거나 심지어 종이에 구체적으로 적는 사람도 드물지 않다. 이런 사람을 우리는 '계산적'이라고 한다. 그렇지 않은 사람에게 우리는 지극한 호감을 느낀다. 그러나 사실 속내는 똑같다. 우리는 누구나 마찬가지로 계산을 하지만 의식하지 못할 따름이다.

이는 연구를 통해서도 입증되었다. 부부를 대상으로 오랜 시간에 걸쳐 주기적으로 지출과 소득을 측정하게 하는 설문 조사가 이뤄졌다. 자신의 배우자가 얼마나 매력적이라고 생각하나요? 관계에 얼마나 많은 시간을 투자하나요? 관계를 지키기 위해 어느 정도 자유를 희생하나요? 배우자와의 의사소통은 만족스러운가요? 성생활에 만족하나요? 당신의 배우자에게는 어떤 창피한 습관이 있나요? 등등.

이렇게 얻어 낸 답을 가지고 서로의 관계에 얼마나 만족하는지, 신뢰도 높은 예측이 나왔다. 그리고 그런 계산 프로그램이 우리의 무의식에서 작동하고 있다는 것이 증명되었다. 아무튼 그 결과를 통해 현재 관계가 좋은지 나쁜지도 판가름이 가능하다.

이런 계산은 한편으로는 물질적 요소, 상대방의 재산이나 수입 정도를 따지며, 다른 한편으로는 비물질적 요소, 이를테면 자기 전 나누는 키스나 약속을 지키지 않아 생기는 짜증 따위를 대상으로 한다.

또한 연구 결과, 세월이 흐르면서 당사자들이 '지출-소득-대차 대조표' 작성에 한결 너그러워지는 것이 확인되었다. 첫 번째 데이트에서 '다음에는 네가 낼 차례야.' 하고 생각했다면 세월이 흐른 후에는 이미 쌍방의 손익 계산이 균형을 이루었다고 여기는 셈이다. 즉 누가 내도 상관없다는 식이다. 그렇지만 여전히 자신이 더 많이 냈다고 여기는 사례가 훨씬 많다.

중요한 것은 이런 간단한 계산이 현재 관계가 좋은지 나쁜지 보여 주는 확실한 척도라는 점이다.

그렇다면 몹시 불만스러워하면서도 계속 관계를 이어 가는 사람은 왜 그럴까? 만족과 '지속하느냐 그만두느냐?'는 완전히 다른 문제이기 때문이다. 여기에는 두 가지 다른 요소가 중요한 역할을 한다.

먼저 우리는 머릿속으로 어떤 대안이 있는지 훑어본다. 배우자가 다른 사람이었다면 만족도 결산이 어떨까? 지금 '대체 가능'한 다른 사람이 있기는 한가? 아마 당신도 한 번쯤은 해 봤던 생각이리라. '그때 레오니하고 그냥 계속 만났더라면 어땠을까?' '지난번에 직장 동료의 고백을 받아 줬더라면 지금 내 인생은 어떨까?' 또 당연히 이런 생각도 한다. '혼자 살면 더 좋을까 아니면 나쁠까?' 당장 더 나은 상대를 택할 수만 있다면 관계를 깰 수도 있겠지만 그런 기회는 매우 드물다.

그리고 이쯤에서 마지막으로 따져 볼 것이 있다. 그동안의 모든 투자! 더 나은 대안이 있는데도 관계에 불만을 품은 채 현재의 파트너에 머무르는 사람이 적지 않다. 이미 너무 많은 것을 투자한 탓에 당사자는 모든 걸 '던져 버릴 수 없기' 때문이다. 그 가운데 하나는 함께 마련한 집이다. 또 다른 투자도 얼마든지 꼽아 볼 수 있다. 어렵게 키운 자녀나 둘이서 손잡고 이겨 냈던 어려운 시절도 쉽사리 '던질 수' 없다. 또 상대가 당신을 위해 직장을 포기했다거나 조국을 버리는 등 아무튼 큰 희생을 한 경우에도 우리는 그 사람을 쉽사리 내칠 수 없다.

이는 실물 투자와 관련해 익히 아는 태도다. 주식 하는 사람이 즐겨 하는 말을 들어 보라. "이미 크게 잃었지만 지금 팔아버릴 수는 없어. 그냥 쥐고 있으면서 다시 오르기를 기대하는 수밖에!" 이런 경우를 두고 우리는 악화가 양화를 구축한다고 말한다. 나쁜 돈을 지키려고 좋은 돈을 쏟아붓는 셈이다. 이를 관계에 빗대자면 이렇다. 나쁜 시절(악화)이 좋은 시절(양화)을 구축한다! 주식의 경우와 마찬가지로, 관계가 나쁜 쪽으로 치달을수록 상대를 버리는 것이 힘들어지는 법이다.

앞서 살펴본 요소들을 두루 종합해 판단하면 실제로 '내면의 의무감'이 어느 정도인지 가늠할 수 있다. 그리고 저 부부가 함께할지 아니면 갈라설지 하는 예측 또한 높은 확률로 들어맞는다는 사실이 연구를 통해 입증되었다.

그동안 '투자 모델'은 다양한 관계에 적용해 입증되었다. 이성애는 물론이고 동성애, 오래도록 이어진 관계 혹은 얼마 안 된 사이에서도!

지금 당신이 파트너에게 느끼는 감정이 혼란스럽기만 하다면 '투자 모델'을 염두에 두고 다음 세 가지 항목을 의식적으로 검토해 보자.

1. 현재 관계의 '지출-소득-대차 대조표'
2. '가능한 대안'이 보여 줄 '지출-소득-대차 대조표'
3. 지금까지의 전체 투자

'계산적'이라고 해서 양심의 가책 따위를 느낄 필요는 없다. 우리 뇌는 원하든 아니든 어차피 계산한다. 지금 어떤 일이 일어나고 있는지 이해하는 것이 더 중요하다. 특히 3번 항목은 늘 비판적으로 접근해야 한다. '나쁜 시절'이 '좋은 시절'을 희생하는 것은 아닌지 판단을 내릴 시점이 찾아왔는지 늘 살피자.

이런 문제에서는 투자의 결실을 맛보는 시점을 너무 먼 미래로 잡지 않아야 실패가 줄어든다. 되도록 당신의 투자가 바로 지금 여기에서 과실을 맺게끔 하자. '지금' 당신의 관계에 많은 것을 투자한다면 바로 '지금' 당신은 아름다운 순간을 누릴 수 있다. 20년 뒤를 기대하지 말자.

# 아이들은 언제나
# 어른들의 행동을 무심코 따라 한다

• 관찰 학습 •

오랜만에 가족이 모두 모여 즐겁게 식사를 했다. 당신의 세 살짜리 딸은 인기를 독차지했다.

그때 배우자의 아버지가 큰 소리로 트림을 했다. 길게 뽑는 트림 소리는 마치 즐기는 것 같은 인상마저 주었다. 배우자의 어머니는 잠시 자리에서 일어나 남편의 등을 두들겨 주었다. "에구, 비실비실하면서도 아무튼 꼭 존재감을 과시하네!"

모두 뭐라고 한마디씩 중얼거리며 맞장구를 쳤다.

당신이라면 어떻게 하겠는가?

□ "좋았어, 우리 아이 어휘력이 조금 좋아지겠네. 어쩌면 처세술

까지 늘겠어. 나는 다섯 살에 처음으로 욕을 배웠는데."

□ 딸에게 뭔가 보고 배운 점이 있다면 상을 주겠다고 말한다.

□ 미움받을 각오를 하고 가족 모두에게 좀 더 예의 바르게 행동

하자고 부탁한다.

---

폭력으로 얼룩진 영화나 게임을 자주 접한다면 아이는 커서 정말 폭력적이 될까? 가까운 식구끼리라면 저렇게 거리낌 없이 식탁에서 트림을 해도 좋을까? 그걸 본 아이가 커서 아무렇지도 않게 트림을 하지는 않을까?

반드시 그렇지는 않다. 다만, 그렇게 될 길은 열렸다. 오늘날 학계는 인간이 배우는 데 크게 세 가지 방식이 있다고 본다.

첫 번째는 '도구적 조건 부여'(Instrumental conditioning)다. 바람직한 행동을 하면 보상을, 바람직하지 않은 행동에는 처벌을 하는 것이 '도구적 조건 부여'다. 대다수 사람은 바로 이렇게 개, 자녀, 직원, 배우자를 교육하려 든다. 윗사람인 상관이나 사장 또는 부모까지 이런 식으로 길들이려 한다.

두 번째는 '고전적 조건 부여'(Classical conditioning)라는 방식이다. 이 방식은 머릿속으로 서로 아무런 관련이 없는 두 자극을

결합한다. 어떤 하나의 자극이 우리에게 특정 반응을 이끌어 낸다면 다른 자극도 덩달아 자연스럽게 일어나게 만드는 것이 '고전적 조건 부여'다. 예를 들어 조그맣고 분홍빛이 도는 음식에서 달콤한 맛이 난다는 경험을 한 아이는 나중에 조그맣고 분홍빛이 도는 모든 것을 본능적으로 움켜쥐고 먹으려 한다. 할아버지의 보청기라도 말이다. 또한 우리는 한 직장 동료가 비 오는 날 특히 잘 흥분한다는 사실을 알면 비가 오는 날 자기도 모르게 그를 피하려 든다. 비록 우리에게 소리를 지른 적은 한 번도 없다 하더라도.

세 번째는 바로 '관찰 학습'(Observational learning)이다. '사회적 학습' 혹은 '사회 행동 모델'이라고도 불리는 관찰 학습은 다른 사람의 행동을 관찰하고 그대로 따라 하는 것을 뜻한다. '관찰 학습'을 다룬 잘 알려진 연구가 하나 있다. 주창자인 앨버트 반두라(캐나다 심리학자로 사회 학습 이론의 전문가. 스탠퍼드 대학교 심리학과 교수로 재직했다.—옮긴이)뿐만 아니라 '보보'라는 인형까지 유명하게 만든 실험이다. 키 150센티미터를 자랑하는 보보는 배가 불룩하게 나온 오뚝이 인형인데, 부드러운 인공 섬유로 아주 튼튼하게 만들어졌다. 어쩌면 얼굴을 그려 넣은 일종의 샌드백이라고도 할 수 있겠다.

보보가 그런 모습인 건 우연이 아니다. 연기자 역할을 맡은 어른이 세 살에서 여섯 살 사이 어린이 한 명과 놀이방으로 들어갔다. 방에는 아주 매력적인 장난감이 가득했다. 플레이스테이션, 스마트폰, 태블릿 PC 등. 앗, 아니다. 1960년대였으니까. 방에 구비된 매력적인 장난감이란 감자를 깎아 만든 도장, 스티커 따위였다. 그 당시 최고 인기를 구가하는 장난감이었다. 아이는 눈이 휘둥그레져 장난감에 달려들었다. 그때 험상궂은 표정을 지은 연기자가 보보 인형에 달려들어 욕을 하고 때리기 시작했다. 심지어 망치로도 때렸다. 이런 상황이 10분 넘게 이어졌다.

그런 다음 아이를 다른 방에서 놀게 했다. 2분 뒤 어른은 아이가 가지고 놀던 장난감을 빼앗고 보보가 있는 방으로 돌려보냈다. 실망하고 화가 난 아이가 자신의 분노를 어떻게 표출하는지 지켜보려고 한 것이다.

비교 그룹에서는 성인 연기자가 다른 장난감만 만지작거릴 뿐 보보 인형은 건드리지도 않았다.

결과는 어땠을까? 공격적인 연기자와 같은 공간에 머물렀던 아이는 얌전한 연기자와 함께 있었던 아이에 비해 훨씬 강력하게 보보 인형에게 화를 쏟아 냈다. 남자아이가 공격적인 남자 연기자를, 여자아이가 공격적인 여자 연기자를 보았을 때 효과는 훨씬 더 강해졌다. 그리고 남자아이가 여자아이보다 전반적으로 더욱 공격적이었다.

나중에 반두라는 자신의 실험에 아주 흥미로운 요소를 덧붙였다. 아이들에게 '로키'라는 어른이 불쌍한 보보 인형을 때리고 욕하는 영화를 보여 주었다. 영화 연출에 따라 결과는 달랐다. 누군가 로키를 찾아와 '뛰어난 실력'을 칭찬하며 '챔피언'이 된 걸 축하하고 팝콘, 초콜릿, 과자와 함께 큰 잔에 담긴 사이다를 선물하자 대다수 아이는 영화 결말을 '해피엔드'로 받아들였다.

다른 아이들은 로키가 처벌받는 장면을 보았다. 누군가 로키를 찾아와 이렇게 말했다. "이봐, 그만두지 못해! 인형을 괴롭히지 마. 용서하지 않을 거야!" 그리고 돌돌 만 신문지로 로키를 때렸다.

그런 다음 아이들을 보보 인형과 장난감들이 있는 놀이방에 다시 데리고 갔다. 로키가 공격적인 행동으로 보상을 받는 걸 본 아이는 처벌받는 걸 본 아이보다 비교할 수 없을 정도로 강한 공격성을 보였다.

어느 정도 시간이 흐른 뒤 실험 감독은 과일 주스 한 병과 예쁜 스티커를 잔뜩 가지고 방으로 들어갔다.(다시 한번 말하지만 1960년대라 요즘 아이들이 즐기는 컴퓨터 게임 같은 건 없었다.) 감독은 아이들에게 물었다. "한번 보여 줘 봐, 로키가 무슨 짓을 했어?" "로키가 뭐라고 했는지 그대로 흉내 내 볼래?" 시키는 걸

한 아이는 맛난 과일 주스와 예쁜 스티커를 얻었다.

그러자 놀라운 일이 벌어졌다. 서로 다른 영화에서 비롯된 두 그룹의 차이가 돌연 깨끗이 사라진 것이다. 과일 주스와 스티커라는 보상이 주어지자 모든 아이가 로키를 흉내 내기 시작했다.

이는 곧 모든 아이가 로키의 공격적인 태도를 '배웠다'는 것을 뜻한다. 배우지 않았다면 과일 주스를 준다고 해서 로키를 흉내 내지 않았을 것 아닌가. 즉 중요한 점은, 로키가 보상이나 처벌을 받는 것이 아니다. 로키의 보상이나 처벌 여부는 학습된 행동을 따라 하느냐 억제하느냐 하는 문제에만 영향을 주었을 따름이다. 결정적 역할을 하는 것은 학습 주체인 아동이 보상을 받느냐 하는 문제다.

여기서 우리가 배울 점은 우리 모두가 '관찰 학습'을 한다는 사실이다. 보상이 주어질 때 효과가 극대화하는 이 '관찰 학습'은 특히 어린아이에게서 두드러진다. 아이는 기본적으로 다른 사람에게서 보는 모든 걸 배운다. 그리고 자신의 모범이 어떤 행동을 하고 보상을 받으면 기꺼운 마음으로 따라 한다. 즉 할아버지가 트림을 했을 때 박수갈채 같은 건 받지 못하게 해야 어린 딸은 트림을 따라 하지 않는다.

한편 아이들은 자신이 직접 보상을 받을 때 더욱 열심히 배운다. 당신이 끼어들어 식탁에서 트림하는 건 나쁜 버릇이라고 명확히 알려 준다고 해도 만약 딸의 꼬마 친구가 "지금 트림하면 맛난 주스를 줄게!" 하고 말하면 아무 소용이 없다. 주스를 먹고 싶은 딸은 일부러 트림을 한다.

그런 일을 막고 싶다면 배우지 말아야 하는 모습이 처음부터 아이에게 노출되지 않도록 주의해야 한다. 그러나 그런 세상을 창조할 수는 없는 노릇. 우리는 많은 경우, 아이가 배우지 말았으면 하는 것도 결국 배우는 일을 감내할 수밖에 없다. 어쩌면 '우리' 역시 아이로부터 뭔가 새로운 것을 배울 수도 있다. 어른 또한 '관찰 학습'을 지속하기 때문이다.

# 소리 내어 말하게 하면
# 요지부동이던 사람도 생각이 바뀐다

**• 강요된 순종 이론 •**

직장 동료가 당신에게 어린 두 자녀를 위해 산타클로스를 연기해 달라고 부탁했다. 수염을 붙이고 산타클로스 모자를 쓰고 자루를 둘러멘 당신은 동료의 집을 찾아가 현관문을 흔들어 댄다. 그런 다음 묵직한 목소리로 아이들에게 부모가 준비해 놓은 황금빛 책을 낭독해 준다. 거기에는 이런 문구가 나온다.

"너희가 부지런하게도 일주일에 두 번이나 중국어 수업을 받으러 다녀 산타클로스는 무척 기쁘단다. 그러면 너희는 나중에 아주 좋은 직업을 가지게 될 테니까. 중국어는 미래의 언어거든! 친구들과는 조금만 놀아야 해요."

그런데 슬그머니 부아가 치밀어 오른다. 무슨 이런 말도 안 되는 헛소리일까. 좋은 부모라면 아이들이 친구와 놀게 내버려 둬야만 한다는 게 당신의 평소 지론이다. 그렇다고 동료의 교육 방식에 참견하고 싶은 생각은 없다. 지금은 그의 부탁을 들어주는 자리 아닌가.

그런데 산타클로스 봉사 후 생각이 바뀌어 당신 자녀가 중국어를 배우러 다니도록 만들 확률은 얼마나 될까? 아래 두 가지 경우, 당신 생각이 변할까?


☐ 도와줘서 고맙다며 동료가 200유로를 줬다.
☐ 동료가 무기를 들이대며 그렇게 하라고 강요했다.

---


물론 그럴 확률은 조금도 올라가지 않는다. 당신은 너털웃음을 터뜨리며 말하리라. "어차피 저마다 의견이 달라요. 왜 내 생각을 바꿔야 하죠? 그저 다른 사람 의견을 따르라는 건 말이 안 돼요."

심리학이 이를 어떻게 설명하는지 살펴보자. 참가자에게 두 가지 과제를 풀게 한 실험이 있었다. 먼저 주어진 과제는 30분 동안 실타래를 감는 일이었다. 그런 다음 작고 각진 통나무를 하나 주고 역시 30분 동안 천천히 오른쪽으로 돌리게 했다. 아주아주 지루한 과제였으며 참가자 역시 지루함을 참지 못했다.

나중에 일부 참가자는 이제 다른 그룹이 같은 테스트를 시작할 거라는 말을 들었다. 실험 감독관은 관찰을 도와줄 사람이 한 명 오지 못했다며 참가자 한 명을 지목해 도움을 요청했다. 그 참가자는 대기실에서 기다리던 다른 참가자들에게 미리 전달받은 문구를 외워서 말했다. "아주 편하고 즐거웠어요. 흥미롭고 환상적이어서 흥분되더군요." 그리고 그는 이런 '도움'을 주는 대가로 1달러를 받았다.

사실은 도우미 역할을 요청받은 참가자가 유일한 실험 대상이었다. 정작 테스트하려던 것은 실험을 '도와주고' 다른 사람들 앞에서 연기를 한 그 참가자가 과제에 대한 의견을 바꾸는지 여부였다. 실험 마지막에 그는 '지금 돌이켜 보니 과제가 얼마나 흥미롭고 편안했으며 의미 있었는지' 묻는 설문지에 답했다.

그 결과는 딴판이었다. 처음엔 분명히 과제를 지루하게 여겼을 텐데도, 남이 써 준 긍정적인 이야기를 다른 사람에게 전달했다는 것만으로 그의 생각이 바뀌었다. 그는 과제가 매우 흥미로웠다고 답했다.

이런 현상을 심리학은 '강요된 순종 이론'(Forced compliance theory)으로 설명한다. 원래 자신의 의견과는 상충하는 정반대 주장을 하는 심리가 '강요된 순종'이다. 실제로 이 현상에 사로잡힌 사람은 나중에 자신의 의견을 바꾼다. 반대 입장을 말하는 데 그치지 않고 글로 쓰게 하면 이 효과는 더욱 강력하게 나타난다.

이런 현상 역시, 조화 중독에 빠진 우리 뇌에서 그 설명을 찾아야 한다. 우리 뇌는 언제나 생각과 행동이 아름답게 조화되기를 바란다. 이른바 '인지 부조화'를 겪은 두뇌는 생각이나 행동 둘 중 어느 하나를 바꿔야만 직성이 풀린다. 신념에 모순된 말을 다른 누구도 아닌 자신의 입으로 내뱉는 소리를 들으면 두뇌는 괴로운 나머지 어떻게든 빨리 그 새로운 의견에 적응하려 안달한다. 그래야 당사자는 말한 것(들은 것)과 생각 사이의 조화를 이룰 수 있기 때문이다.

또 두뇌는 이런 현상을 달리 얼버무릴 방법을 찾기도 한다. 이를테면 누군가 권총을 머리에 겨누고 강요하는 바람에 어쩔 수 없었다는 등 변명을 한다. 이런 '외적인 정당화'에 커다란 의미를 부여하고는 이렇게 말한다. "지금 그렇게 보이는 것일 뿐, 사실은 달라. 내가 전부 설명할게."

그런 외적인 정당화 가운데 하나는 돈일 수도 있다. 물론 이 실험에서 참가자가 받은 1달러는 턱없이 부족하다. 그러나 비교 그룹에 각기 20달러를 주자 '강요된 순종' 효과는 깨끗이 자취를 감추었다. 돈을 받은 참가자들은 이렇게 말했다. "그저 돈 때문에 그랬어."

자신과 반대되는 의견을 다른 사람들 앞에서 자발적으로 표현할수록 본래 의견은 더욱 쉽게 바뀌었다. 동료의 부탁을 들어주려고 산타클로스를 연기하긴 했지만 당신은 자녀를 유치원 국제 교환 프로그램에 등록해 베이징에 보내지는 않으리라. 상상 속에서 머리에 겨눠진 권총을 보았다거나 돈을 많이 받았다 하더라도 의견이 바뀌지는 않을 것이므로.

크리스마스가 아니더라도 '강요된 순종'이라는 심리는 유념해 두는 게 좋다. 그러면 우선 자신이 무슨 말을 한 것인지 정확히 인지하는 데 도움이 된다. 그래야 경솔했음을 인정하고 바로잡을 기회도 생긴다. 그러지 않으면 자기 자신도 모르게 의견이 바뀔 위험이 크다. 심지어 의도적인 거짓말도 현실이 될 수 있다. 동료에게 예의상(혹은 동정심에서) 새 헤어스타일이 아주 멋지다고 칭찬하고 나서 그와 사랑에 빠지는 일이 벌어질 수도 있다. 원래 생각은 '저게 무슨 폭탄 머리야.' 하는 비웃음이었음에도 말이다.

물론 이런 심리를 이용해 다른 사람들에게 원래와는 정반대되는 생각을 심어 주는 일도 가능하다. 산타클로스 예만 해도 그렇다. 우리는 약간의 상상력만 발휘하면 누군가에게 '도움'을 부탁하거나 역할 연기를 하게 만들어 그 사람의 생각을 실제로 바꿔 줄 수 있다.

이런 기술을 가장 간단하고도 확실하게 구사할 수 있는 사람은 교사다. 제자에게 어떤 의견을 심어 주고 싶을 때 이를 뒷받침하는 논거를 찾아 작문을 해 보라고 시키면 된다.

만약 배우자가 콜레스테롤 수치에 좀 더 신경 쓰도록 하고 싶다면 최근 심장 마비로 사망한 어떤 친구 이야기를 꾸며 내어 호소하라. 그러면 배우자도 식생활에 더욱 신중을 기할 것이 틀림없다.

복도 건너편 이웃이 저녁에 현관문을 잘 닫도록 하고 싶다면 그에게 도움을 청하자. "저기, 저쪽에 사는 조심성 없는 이웃에게 말 좀 해 주세요. 밤에 현관문을 잘 닫는 게 얼마나 중요한지 깨닫도록 말이죠."

'내기'도 좋은 방법이다. 담배를 너무 많이 피우는 친구와 이런 내기를 해 보면 어떨까? '흡연은 나쁘다'라는 문구가 적힌 플래카드를 들고 도심 한복판을 누비고 다니면 200유로를 주겠다는 내기를! 그리고 친구가 이기게끔 해 주자.

# 부탁을 할 때는
# 아주 사소한 이유라도 대야 한다

• 플라세보 정보 •

슈퍼마켓 계산대 앞에 줄이 길게 늘어섰다. 당신은 조금도 기다리
고 싶지 않다.

앞에 선 사람들에게 뭐라고 말하면 좋을까?

☐ "부탁인데 먼저 좀 계산할 수 있을까요? 제가 너무 급해서 실
례 좀 할게요. 오늘 야근해야 하거든요. 사장은 정말 속을 알
수 없는 인간이죠. 내일 강연에 필요한 자료가 있다고 좀 더 일
찍 말해 줬으면 며칠 전에 해 놨을 거 아니냐고요. 아무튼 늘 그
래요, 여러분도 아시죠. 그리고 아, 정형외과에도 가 봐야 해요,

어깨가……. 그리고 이따가 이웃이 잠시 들르겠다고 하더군요. 제가 새로 깐 마룻바닥을 보고 싶다나요. 말은 그렇게 하지만 분명 다른 뜻이 있을 거예요. 여러분도 짐작하다시피……."

☐ "부탁인데 잠깐 지나갈 수 있을까요? 여기 이 물건 좀 계산해야 해서요."

☐ "부탁합니다, 잠깐 지나갈 수 있을까요?"

---

어려운가? 함께 하나하나 살펴보자.

첫 번째 경우, 말이 너무 많다. 그래도 어쨌거나 왜 그리 급한지, 먼저 계산해야만 하는 이유를 바닥날 때까지 주워섬겼다. "그런 식이라면 누군들 새치기하지 않겠어?" 누구든 이렇게 반론할 만하다.

가장 어리석어 보이는 것은 두 번째 방법이다. 이유라는 게 말이 되지 않는 헛소리다. 줄을 선 사람은 누구나 계산을 기다리고 있지 않은가.

세 번째는 어째 좀 예의가 없다. 한편으로는 앞서 여러 차례 확인했듯이 사람들은 논리에 별반 관심이 없다. 더구나 남의 문제에는 털끝만큼도 관심을 보이지 않는다. 그러니까 굳이 이유는 설명하지 않아도 되지 않을까?

중요한 것은, 실제로 논리가 거의 아무 구실을 하지 못한다는 점이다. 바로 그 때문에 장황하게 말을 늘어놓는 첫 번째 방법과 간단명료하게 이유를 덧붙인 두 번째 방법의 성공률은 거의 비슷하다. 가장 실패 확률이 높은 것은 아무 이유도 대지 않는 세 번째 태도다.

다음 실험은 흥미로운 사실을 알려 준다. 누구나 이용할 수 있는 공공 복사기 앞에 서 있는 사람, 심지어 이제 막 작동 버튼을 누르려는 사람에게, 다섯 장을 먼저 복사해도 되겠느냐고 물어보았다. 이유는 매번 다르게 둘러댔다.

1. "죄송합니다만, 여기 다섯 장만 먼저 복사해도 될까요?"
2. "죄송합니다만, 여기 다섯 장을 복사해야 하는데 복사기 좀 먼저 써도 될까요?"
3. "죄송합니다만, 여기 다섯 장, 급해서 그러는데 복사기 좀 먼저 써도 될까요?"

순전한 부탁, 그러니까 아무런 이유를 대지 않은 첫 번째 방법은 60퍼센트의 승낙을 얻어 냈다. 비교적 간단하고 예의 바르지도 않았지만 나쁘지 않은 성공률이다, 그렇지 않은가?

세 번째처럼 설득력 있게 이유를 댄 경우에 성공률은 94퍼센트로 치솟았다. 거의 모든 사람이 승낙한 셈이다. 아무래도 논리가 먹히는 것 아닐까?

그렇다면 두 번째는 누구에게도 승낙을 이끌어 내지 못해야 마땅하다. 거기서 댄 '이유'라는 것이 아무 내용 없는 껍데기일 뿐이기 때문이다. '복사를 해야 하기 때문'이라는 이유는 있으나 마나다. 우리는 이런 가짜 근거를 '플라세보 정보'(Placebo-information)라 부른다. 여기서 놀라운 점은 이 '플라세보 정보'가 세 번째 방법과 거의 비슷한 성공률, 곧 93퍼센트를 이끌어 냈다는 사실이다.

그러니까 어느 모로 보나 결정적인 것은 근거 그 자체가 아니라 근거를 덧붙인다는 형식적인 정황일 뿐이다.

이렇게 볼 때 마법의 주문은 '부탁합니다!'가 아니라 '~하기 때문에'라는 이유 제시다.

이 실험 결과를 통해 우리 인간은 문제를 의식하고 생각하기 전에 자동으로 행동하는 경우가 많다는 사실이 증명되었다. 우리는 그저 적절한 형식을 갖추었는지, 즉 부탁에 형식적으로라도 이유를 댔는지에만 주목한다. 말이 안 되는 이유라도 덧붙이지 않으면 우리는 못마땅하게 여긴다. 평소 부탁할 때의 익숙한 어투만으로도 그럴 만하다 여기고 넘어가는 셈이다. 진짜로 왜 그러는지에는 거의 관심이 없다.

이 결과는 또한 논리가 실제로 무시당하기도 한다는 사실을 확인해 준다. 사람들은 내용이 아니라 형식만 중요하게 여긴다.

이 이야기를 듣는 순간 다음 번 연봉 협상 전략이 눈앞에 어른거린다면, 우리는 유감이지만 이 방법에는 한계가 있다고 말해 줄 수밖에 없다. 형식만 갖추는 이런 태도는 일상의 소소한 부탁에나 통할 뿐이다. 복사기 실험에서 만약 다섯 장이 아니라 스무 장을 들이민다면 사람들은 돌연 사태를 더욱 주의 깊게 살펴본다. 물론 앞서 살펴보았듯이 중대한 몇몇 사안에서 역시 내용보다 다른 무엇이 더 중요할 때도 종종 있다. 그 다른 무엇이 어떤 것인지 간단히 말하기는 힘들다. 그러니 이 문제는 다른 장에서 다루기로 하자.

이 장에서는 완벽한 논리를 위해 너무 많은 시간을 들이는 일은 바람직하지 않다는 사실을 확인하는 정도로 만족하자. 일상에서 작은 부탁을 할 때 '플라세보 정보'는 승낙을 이끌어 낼 수 있다. 즉 부탁할 때는 항상 '이유'를 대자.

# 소심한 자기 단속은 금물!
# 자신감을 갖고 일단 도전하라

• 폭스 박사 효과 •

일생일대의 기회가 찾아왔다. 어떤 헤드헌터가 당신에게 전화를 걸었다! 당신이 관심을 보일 아주 흥미로운 일자리가 있는데 선발 절차에 따라 능력을 입증하기만 하면 된다고 한다. 그 절차란 선발 위원회를 상대로 짤막한 강연을 하는 것이다. 주제는 '수학 게임 이론을 응용한 의료인 교육'이고 강연은 이틀 후다.

당신이라면 어떻게 하겠는가?

☐ 전혀 모르는 주제다. 이렇게 운이 없다니! 거절할 수밖에.

☐ 전혀 모르는 주제다. 그렇지만 이틀 동안 밤을 새워 짜깁기를

해서라도 강연 원고를 쓴다.

☐ 전혀 모르는 주제다. 하지만 이건 기회다! 남은 이틀 동안 고급 정장을 장만하고 이력서를 더욱 세심하게 다듬자.

※ 주의: 강연에 그 분야의 국제적인 전문가들이 참석한다면?

---

인생이 우리에게 가르쳐 주는 게 있다면, 누구나 물 없이는 요리를 할 수 없다는 것 아닐까. 다시 말해서 대단히 훌륭한 요리사라도 기본은 물이다. 출발 조건은 동등하다. 이런 사실을 '알면서도' 우리는 위대한 인물이나 거대한 주제 앞에 서면 경외감을 느끼며 바들바들 떤다. 그렇지만 보통은, 다른 사람이라고 해서 당신보다 더 많이 아는 것은 아니다. 이른바 '권위자'들은 자신이 뭘 특별히 더 많이 아는 게 아니라는 사실을 당신이 눈치채지 못하게 할 뿐이다. 한편으로 충격적이기는 하지만 다른 한편으로 대단한 위로와 평안을 느끼게 해 준다.

이 책을 쓴 우리 둘뿐만 아니라 폭스 박사도 믿고 세 번째 방법을 택해 보자. 그리고 아무 걱정 없이 강연에 가서 세상 돌아가는 이야기로 때우라. 다만 그 전에 정말 좋은 정장을 준비하는 것은 잊지 말자.

폭스 박사는 어떤 유명한 실험에 등장하는 인물이다. 실험으로 진행된 강연에 청중으로 참가한 사람들은 연사 한 명을 소개 받았다. "마이런 L. 폭스 박사는 수학을 인간 행태에 응용하는 분야의 권위자입니다." 멋들어지게 차려입은 연사가 장중한 걸음걸이로 연단에 섰다. 그의 목소리에서는 능력이 뚝뚝 묻어 나왔다. 폭스 박사는 '수학 게임 이론을 응용한 의료인 교육'이라는 주제로 강연을 했다.

강연이 끝나고 청중, 그러니까 실험 참가자들은 폭스 박사에게 질문을 해 가며 흥미로운 토론을 했다. 사람들은 입을 모아 매우 유익한 강연이었으며 많은 것을 배웠다고 말했다.

'폭스 박사'가 실제로는 고용된 배우이고 전혀 말도 안 되는 소리를 그럴싸하게 주워섬기며 연기를 했을 뿐이라는 사실을 눈치챈 사람은 아무도 없었다. 그가 자랑한 화려한 학자 경력은 마음대로 지어낸 것이었다.

그럼 이쯤에서 당신은, 청중이 그 분야를 전혀 모르는 사람들이라면 당연한 것 아니냐며 시큰둥해하리라. 그런데 모든 청중이 문외한은 아니었다. 그중에는 '수학을 인간 행태에 응용하는 분야'를 잘 아는 전문가도 여럿 있었다. 그리고 이들 역시 이상하다는 생각은 조금도 하지 않았다.

믿기 어렵다고?

아무것도 모르는 청중 앞에서 연단에 물컵을 놓고 교수나 지적인 작가를 연기하는 코미디언을 떠올려 보라. 이런 장면에는 전문가조차 깜빡 속아 넘어가기 마련이다.

'폭스 박사 효과'란 언변이 뛰어난 사람이 번듯하게 차려입고 전문가 행세를 하면 그 사람의 말을 거의 모두 믿게 되는 현상을 이른다.

사실 오늘날 비즈니스 세계 도처에는 폭스 박사가 활개 치고 다니는 듯하다. 특히 경영진이라는 높은 자리에 이르면 자신이 전혀 알지도 못하는 문제를 놓고 경쟁 운운하는 말을 쉽사리 들을 수 있다. 아니, 결코 비난하려는 것은 아니다. 어느 정점에 이르면 모든 걸 속속들이 알지 못하면서도 결정을 내려야 할 때가 있다. 오히려 정반대로, 잘 알지 못하는 문제를 놓고 해결책을 고민하며 결정을 내리는 능력이야말로 지도자라면 반드시 갖춰야 할 자질이다. 완벽히 알지는 못해도 토론하면서 방향을 가늠하고 판단할 수 있어야 참된 리더라 할 수 있다. 아이러니하지만 진심으로 하는 말이다.

정치가 역시 '폭스 박사 효과'로 먹고산다. 특허법 개정이나 금융 시장 규제를 놓고 토론을 벌이는 의원의 예전 직업이 독일어 교사(독일어 교사에게 반감이 있는 건 전혀 아니다.)이거나 심리 치료사(심리 치료사가 뭐 어떻다는 말은 절대 아니다.)일 수도 있다. 결정을 내려야 하는 사안을 잘 알지 못하는 경우가 태반인데도 사람들은 정치가에게 비교적 높은 신뢰를 보낸다.

비슷한 경우를 끝없이 열거할 수 있다. '전문의'라고 쓰인 명찰을 자랑스럽게 달고 하얀 가운을 입고 있는 의사를 보면 우리는 그가 우리 건강을 지켜 주리라고 확신한다. 한 손에 법전을 든 변호사가 해 주는 상담은 거역할 수 없는 힘을 자랑한다. 유명 일간지 기자는 세상사 요모조모를 우리에게 알려 준다. 지당한 설명이다. 키츠 박사와 투슈 박사는 세상을 바라보는 그들만의 해석을 책으로 펴냈다. 독자 여러분 역시 우리 이야기를 신뢰하지 않는가.(음…….희망 사항이다.)

이 세상 모든 전문가가 사실은 '폭스 박사'이며 자기 전문 분야를 전혀 모른다고 주장하는 것은 당연히 아니다. 그렇지만 의사도 오진을 내리고, 변호사도 엉뚱한 상담을 해 주며, 기자도 세상일을 잘못 알려 주고, 오류가 전혀 없는 책은 없다는 것 또한 분명하다. 무엇보다도 중요한 사실은 전문가라고 결코 완벽한 건 아니라는 점이다. 비록 어떤 질병은 한 번도 치료해 보지 않았고, 어떤 사건은 법정에서 변호해 본 일이 없으며, 본격적으로 취재를 한 적이 없다는 사실을 아무도 눈치채지 못할 정도로 능숙하게 처신하는 전문가라 해도 허점은 있게 마련이다.

결과적으로 '폭스 박사 실험'이 우리에게 '수학 게임 이론을 응용한 의료인 교육'에서 뭔가 유용한 것을 가르쳐 주지는 않지만 두 가지 중요한 교훈은 얻을 수 있다.

우선 훌륭한 옷차림에 그럴싸한 언변을 자랑하는 전문가라고 해서 당신 운명을 송두리째 맡겨서는 안 된다. 의심스러운 경우에는 직접 조사를 해 보거나 다른 전문가를 찾아가라. 이 충고로 이미 숱한 생명을 구했음을 명심하자.

또한 '폭스 박사 효과'는 우리 자신을 위해서도 얼마든지 활용할 수 있다. 특히 당신이 '외모'를 그리 중시하지 않으며 '내용'에 충실하고자 하는 사람이라 해도 조금 달리 생각해 보기 바란다. '오로지 사안에만 충실하자.'라는 말은 물론 우아하게 들리기는 한다. 그러나 다른 전략으로 (더욱) 성공에 가까워질 수 있음을 이제 당신은 안다. 잘 차려입고 그럴듯하게 꾸미면 세상 사람들은 훨씬 더 신뢰를 보낸다.

자신감을 가지자. 모두가 훌륭히 해내는 것이라면 당신 역시 못지않게 해낼 수 있다.

# 다른 사람을 칭찬할 때는
# 딱 하나에만 집중하라

〰〰〰〰〰〰〰〰
● 선물 주는 사람의 역설 ●
〰〰〰〰〰〰〰〰

───────  ───────

여동생이 결혼한다. 장래의 매제는 당신의 축복을 기다린다. 신혼
부부에게 상큼한 선물을 해 주고 싶어 주말 베네치아 여행을 예약
했다. 거기다가 슈퍼마켓에 가서 적포도주를 한 병 골라 여행 티
켓과 함께 패키지로 묶어 예쁘게 포장했다.

여동생은 무슨 생각을 할까?

☐ "이렇게 잘 어울리는 멋진 선물을 두 개나!"

☐ "겨우 포도주 한 병? 내 결혼식에 오빠를 초대해야 하나……?"

─────────────────────────

'제대로 된 선물'에 작은 것을 곁들인다! 보기만 해도 많은 돈과 사랑을 투자한 게 확실하지 않은가? 우리는 선물을 하며 흔히 그렇게 생각한다. 그러나 심리학은 다르게 말한다. 당신 여동생은 포도주를 시음해 보기도 전에 실망할 수 있다.

참가자에게 1750유로만 주는 것과 1750유로에 도서 구입비 15유로를 덤으로 얹어 주는 장학금 두 가지를 비교해 무엇이 더 매력적인지 묻는 실험이 있었다. 그러자 희한하게도 대다수 참가자는 도서 구입비를 따로 얹어 주지 않는 1750유로가 낫다고 여겼다. 그러니까 '두 가지를 묶은 세트'보다 하나만 있는 것을 더 만족스럽게 받아들인 것이다. 어째서일까? 분명 15유로 더 이익인데?

다른 비슷한 실험에서도 결과는 마찬가지였다. 고객은 '무료 스트리밍 쿠폰'이 딸린 스마트폰보다 달랑 스마트폰만 주는 것에 40퍼센트 더 많은 돈을 지불할 용의를 보였다. 호텔 투숙객은 멋진 수영장에 레스토랑까지 보여 준 광고보다 수영장 하나만 자랑한 호텔에 10퍼센트 더 많은 돈을 지불했다.

반대로 선물하는 사람의 입장에서 어느 쪽이 더 나아 보이느냐는 질문을 받은 참가자 대다수는 '세트'를 택했다. 주는 사람은 받는 사람이 적다고 못마땅해할까 봐 더 많은 돈을 쓰려고 한다.

말도 안 된다고? 그렇다, 이것이 바로 '선물 주는 사람의 역설' (Presenter's paradox)이다. 주는 사람은 받는 쪽과는 정반대 시각으로 대상을 바라보는 심리를 말한다.

이런 차이는 어디서 비롯될까?

선물을 하는 사람은 선물 하나하나를 모두 더한다. 돈을 쓰는 쪽이니 당연하다. 신혼부부가 베네치아에서 주말을 보내는 여행은 700유로, 여기에 적포도주 한 병 값인 1.99유로가 더해져 선물 총액은 701.99유로다.

그러나 받는 사람은 합산을 하지 않고 패키지 전체를 본다. 이런 태도를 전문 용어로는 '전체적 처리'(Holistic processing)라고 한다. 전체는 모든 개별 부분의 평균값이다. 예로 든 결혼 선물의 경우 701.99유로를 2로 나누면 350.99유로다. 저런, 선물 값이 반 토막 나 버린다. 이게 받는 사람의 관점이다. 작은 선물이 큰 선물의 가치를 곤두박질치게 만든다. 뜨거운 물에 차가운 물을 섞으면 미지근해지듯이.

사과를 할 때도 마찬가지다. 그저 '단순한 사과'가 가장 좋은 선택이다. 보상을 해 주겠다고 무슨 선물 같은 것을 덧붙일 필요는 전혀 없다.

물론 진정한 학자라면 이미 발견한 사실에만 머무르지 않는다. 당장 또 다른 의문이 고개를 든다. 선물이 아니라 벌을 줄 때는 '세트'가 어떻게 받아들여질까?

여기서도 '덤'은 전체를 약하게 만든다. 실험 참가자는 '쓰레기 무단 투기 금지! 적발 시 벌금 750유로'라는 경고가 '쓰레기 무단 투기 금지! 적발 시 벌금 750유로, 사회봉사 두 시간'이라는 경고보다 더 위협적이라고 느꼈다.

그러므로 혹시 선물하거나 사과할 일이 있으면 포도주나 초콜릿이나 요리책 딸린 프라이팬 세트 따위는 깨끗이 잊으라. 하나면 충분하다. 그러면 시간과 돈을 절약할 수 있을 뿐만 아니라 당신의 선물이나 사과가 훨씬 귀중해 보인다.

다른 사람을 칭찬할 때는 눈에 잘 띄는 한 가지에 집중하라. 구직 중이라면 이력서에는 특별한 자격증 딱 하나만 강조하고, 잡다한 교육 과정 수료 같은 것은 빼 버린다면 훨씬 매력적이다. 강연을 할 때는 가장 강력한 논지 하나에 집중하고 그 외의 것들은 잊으라. 자잘한 논지를 늘어놓으면 오히려 강연의 품격만 떨어진다.

이 장에서 배운 교훈을 자녀에게도 알려 주고 싶은가. 그렇다면 성적이 떨어졌을 때 스마트폰을 며칠 압수하는 벌로 만족해 보자. 여기에 하루 외출 금지령을 더해 봐야 효과만 떨어진다.

사랑하는 사람에게 선물할 일이 있으면 좋은 아이템 하나에만 집중하라. 지갑을 선물하면서 초콜릿을 추가할 필요는 없다.

시간과 돈을 절약하면서 상대가 더 고맙게 느끼기까지 하니 얼마나 다행인가. 또 사과할 일이 있다면 괜스레 작은 선물을 따로 준비하지 않아도 된다. 상대방은 단순하지만 진솔한 사과를 더욱 기다리고 있을 것이다.

# 정면으로 반박하기보다
# 측면으로 호소하는 편이 낫다

• 태도 면역 효과 •

당신은 이제 막 초등학교에 들어간 아들이 정말 기특하다. 숙제를
꼬박꼬박 잘할 뿐만 아니라 식사 후에 양치질도 꼬박꼬박 열심히
한다. 어떻게 이런 기쁨을 누릴 수 있는지 얼떨떨하기만 하다. 어
쨌거나 앞으로도 계속 그래 줬으면 하고 바라는 마음이 간절하다.
그런데 가만 보니 아들의 친구 녀석들이 아무래도 양치질 습관을
망치진 않을까 걱정된다.
어떻게 대처하는 게 가장 좋을까?


□ 매일 저녁 아들에게 충치를 일으키는 박테리아 이야기를 읽어

준다. 양치질을 규칙적으로 해 주지 않으면 입안에 박테리아가 득시글거린다며 치과 의사가 이를 뽑는 장면을 흉내 내 보여 주기도 한다. 내가 어렸을 때도 아버지가 그런 연기를 했다.

☐ 양치질을 하지 않아도 좋다는 이야기를 되도록 자주 들려준다.

    — 양치질하는 남자는 멋지지 않다.

    — 매일 양치질하는 데 들이는 10분이면 스마트폰에 새 앱을
      몇 개나 깔 수 있다.

    — 단 한 번도 양치질을 하지 않았는데 살아 있는 사람이 많다.

    — 외국에 가면 싼값에 언제라도 인공 치아를 해 넣을 수 있다.

---

부모는 대개 첫 번째 방법을 쓴다. 양치질이든 숙제든 마약이든 스무 살에 하는 첫 경험이든, 자녀에게 언제나 '올바른 논리'를 주입하려 한다. 그래야 또래로부터 나쁜 영향을 막을 수 있다고 믿는다.

그런데 심리학은 두 번째 방법으로 훨씬 좋은 효과를 볼 수 있다고 말한다.

의학에서 이런 힌트를 얻을 수 있다. 질병으로부터 우리를 지키기 위해 어떻게 하는가? 얼핏 보기에는 말이 안 되는 것 같은 이상한 처방을 한다. 처방은 우리 몸에 주사기로 병원균을 집어

넣는 것이다. 병을 지켜 달랬더니 병원균을 주사한다? 이상하지 않은가. 그러나 이로써 우리 몸은 병원균이 본격적으로 쳐들어 올 때를 대비할 수 있다. 바로 예방 주사다. 그리고 대개는 성공적이다. 면역 체계는 '항체'라는 것을 만들어 본격적인 공격을 이겨 낼 수 있게 해 준다.

이런 전략은 심리학에서도 통하는데 바로 '태도 면역 효과' (Attitude inoculation effect)라고 불리는 심리다. 아이뿐만 아니라 어른도 마찬가지다. 이를 증명한 유명한 실험이 앞서 예로 든 양치질 이야기와 비슷하다. 다만 성인을 대상으로 했다는 점만 다르다. 실험 참가자에게 식후에 양치질을 하는 게 좋다는 견해에 반대하는 자잘한 논리들을 들려주었다. 그러고 나서 이 논리를 그대로 받아들이게 놔두지 않고 곧장 '반박'했다. 나중에는 하루에 세 번 양치질을 하는 게 왜 해로울 수 있는지에 대한 비교적 긴 글도 읽게 했다. 반면 비교 그룹은 '자잘한 논리 예방 주사'를 맞지 않은 상태에서 똑같은 과제를 받았다.

그런 다음 '식후에 양치질을 하는 것은 중요하다.'라는 명제가 얼마나 맞는지 평가하게 했다. 틀리다는 0점, 절대 옳다는 15점이었다. 비교를 위해 실험에 참가하지 않았고 양치질이 해롭다는 논리도 들어 본 적 없는 사람들의 평균 점수를 알아보았다. 13점이었다.

예방 주사를 맞지 않은 그룹의 점수는 양치질 반대 논문을 읽은 후 6점 아래로 떨어졌다. 하지만 예방 주사를 맞은 그룹은 확신을 거의 잃지 않았다. 점수는 9점 이상으로 나왔다. 즉 생각을 바꾸려는 시도를 '면역'이 실제로 방어해 주는 효과를 낸 것이다. 본격적인 공격, 그러니까 양치질 반대 논문이 논리적인지 아닌지는 실제로 아무 영향도 주지 않았다.

물론 자잘한 '반대 논리'를 곧장 반박해 주는 게 중요하다는 사실이 실험을 통해 입증되었다. 참가자 스스로 반박하거나 다른 사람이 반박을 해 주거나 결과는 같았다. 이런 방식으로 참가자는 '항체'를 얻은 셈이었다. 참가자는 반대 논리가 자신의 의견을 바꿀 정도로 설득력이 강하지 않다는 것을 배웠다.

앞서 든 예에서는 당신 아들이 양치질에 반대하는 주장에 직접 논박해 보는 것이 가장 좋다. 그게 안 된다면 왜 그래도 양치질을 해야 하는지 당신이 명확히 알려 줘야 한다. 부모의 본능은 어차피 '양치질할 시간에 앱을 다운로드하는 게 낫다.'라는 논리 같은 건 절대 허용하지 않으리라.

이런 깨달음은 일상에서 여러 방식으로 활용할 수 있다.


1. 누군가를 당신 의견에 따르게 하고 싶다면, 주절주절 설명을 늘어놓지 말고 자잘한 반대 논리로 '면역'을 시켜 주자. 물론 당신

자신이나 상대방이 곧장 논박해야 한다.

2. 다른 사람이 당신 의견을 바꾸려는 걸 막고 싶다면 당신 의견에 반대되는 논리를 찾아 스스로 면역력을 키우라. 예를 들어 당신의 정치 견해와 상반된 신문을 읽는 것도 좋다. 처음에는 대단히 개방적인 태도 같지만 사실 당신 의견을 더욱 굳건히 해 줄 따름이다.

3. 누군가의 의견을 확실히 바꿔 주고 싶다면 물론 정면으로 맞서는 일은 피하는 편이 좋다. 자꾸 설득해 봐야 결국 의도하지 않은 '면역'을 생성해 그 어떤 시도도 먹히지 않을 수 있다. 그래서 말이지만 논리라는 건 사실 그리 중요하지 않다. 오히려 감정에 호소하거나 강한 자신감으로 무장하라.

# 성숙한 사회 분위기가
# 심리에 미치는 영향

~~~~~~~~~~~~~~~~~~

• 명령 규범과 서술 규범 •

~~~~~~~~~~~~~~~~~~

────────────  ────────────

당신은 반려견 협회 회장으로 선출되었다. 그런데 중요한 주간 회의에 늘 임원 두 명이 너무 늦게 온다. 이 사람들에게 경각심을 심어 줄 좋은 방법은?


☐ 벌금형을 도입한다. 지각하는 사람은 20유로를 낸다. 이 돈은
　　개 사료 구입에 쓴다.

☐ 시간을 정확히 지켜 달라고 호소한다. 그래야 협회의 신뢰에도
　　금이 가지 않는다.

☐ 누군가 지각을 하면 모든 참석자와 개가 고개를 절레절레 흔들

기로 한다.

---

　근본적으로 세 가지 모두 통하는 방법이다. 다만 효과가 더 강하고 오래가는 방법이 분명히 있다.

　다음 실험을 살펴보자. 네 명씩 그룹을 만들어 카드 게임을 하면서 속임수를 가장 효과적으로 방지할 수 있는 방법을 확인해 보았다.

　□ 첫 번째 그룹은 속임수를 쓴 사람이 벌금을 내기로 했다.
　□ 두 번째 그룹은 속임수를 쓴 사람에게 '사회적 제재'를 가하기
　　로 했다. 모두가 불같이 화를 내는 방법으로.
　□ 세 번째 그룹은 아무런 제재도 하지 않기로 했다.

　첫 번째와 두 번째 그룹에서는 실제로 속임수가 확연히 줄었다. 그리고 벌금은 집단적 비난보다 훨씬 큰 효과를 발휘했다.

　일곱 차례 게임이 끝난 다음 이제 처벌은 없다고 말해 주었다. 그러자 첫 번째 그룹에서도 세 번째 그룹에서와 똑같이 속임수가 빈번히 발생했다.

　단지 두 번째 그룹에서만 공정한 게임이 계속되었다. 사회적

제재가 벌금형보다 더 오래가는 효과를 발휘한 셈이다. 이 효과는 심지어 다른 참가자가 전혀 눈에 띄게 화를 내지 않는데도 지속되었다.

이 효과는 사랑받고 싶다는 채워지지 않는 갈망으로 설명할 수 있다. 우리는 일단 다른 사람이 어떤 특정 태도를 좋아하지 않는다는 사실을 확인하면 그런 태도를 취하지 않으려 한다. 이런 인식은 벌금 따위의 처벌 없이도 그대로 지속된다. 사회적 제재는 간단하게 '해제'되는 것이 아니기 때문이다.

이런 사회적 제재는 '명령 규범'(Injunctive norm)이라는 것을 만들어 낸다. 이 규범은 사람들의 어떤 행동이 올바르고 어떤 행동이 잘못인지 명확히 규정한다. '명령 규범'과 구별되는 것은 '서술 규범'(Descriptive norm)이다. 이 규범은 대다수 사람이 실제로 어떻게 행동하는지 알려 준다. 그러니까 '명령 규범'이 '이런 태도를 원해!'라면 '서술 규범'은 '우리는 이렇게 해.'인 셈이다.

두 규범은 서로 중첩하며 특정 상황에서는 모순을 빚어내기도 한다. 예를 들어 우리는 모두 정직하게 세금을 납부해야 한다는 것을 안다.(명령 규범) 그런데도 탈세를 '국민 스포츠'라고 부르는 데에는 다 그럴 만한 근거가 있다. 많은 사람이 실제로 속임수를 쓰기 때문이다.(서술 규범)

그러면 당연히 다음 질문을 피할 수 없다. 두 규범 중 어느 쪽이 더 강력하게 작용할까?

답을 찾기 위해, 주차장에 세워 둔 자신의 차에서 전단지를 발견한 사람이 어떤 태도를 취하는지 실험해 보았다.

명령 규범은 명확하다. 종이 쓰레기는 분리수거를 해야지 주차장에 버려서는 안 된다. 우리는 이미 알고 있다.

그럼 서술 규범은 어떻게 작용할까? 일단 주차장에 같은 전단지가 잔뜩 뒹굴고 있다면 사람들은 서술 규범에 따라 누구나 여기 쓰레기를 버린다고 생각한다. 반대로 주차장을 깨끗이 해 두면 전혀 다른 서술 규범이 등장한다. 누구도 여기 바닥에 뭘 버리지 않는구나! 그런데도 두 경우 모두 참가자 대다수가 전단지를 주차장에 버렸다. 그렇다면 서술 규범은 명령 규범에 비해 별 영향력을 발휘하지 못하는 것처럼 보인다.

이 점을 분명히 확인하기 위해 이번에는 참가자가 확실히 서술 규범에 주목하게 만들었다. 지시를 받은 연기자가 지나가면서 그냥 쓰레기를 버렸다. 참가자로 하여금 사람들이 쓰레기를 어떻게 처리하는지 명확히 의식하게 만든 실험이다. 두 번째 경우에는 명령 규범을 의식하게 만들었다. 이 경우에는 연기자가 길을 걷다가 바닥에 떨어진 전단지를 주웠다. 즉 '전단지를 아무렇게나 버리면 안 돼!'라는 명령 규범을 의식하게 했다.

결과는 분명했다. 두 번째 경우 실험 참가자들은 첫 번째 경우에 비해 거의 전단지를 버리지 않았다. 주차장에 쓰레기가 얼마나 널려 있든 전혀 개의치 않았다.

명령 규범이 실제로 서술 규범보다 훨씬 강력한 셈이다.

그렇다면 앞서 든 예로 돌아가 보자. 가장 좋은 것은 지각한 사람을 사회적 제재로 처벌하는 방법이다. '우리는 그런 걸 원치 않아.' 하는 분위기를 만들어 주는 것이다. 이 효과는 장기적으로 볼 때 벌금형이나 다른 어떤 형벌보다 훨씬 효과가 크다.

이런 전략은 어디서든, 어떤 상황에서든 그대로 적용될 수 있다. 그러니 직장이나 가족, 이웃에게도 활용해 보자.

# 제3부

# 마음의 작동 원리를 알고 나면
# 인생이라는 파도타기가 즐거워진다

# 이름이 비슷하다는 이유만으로
# 누군가를 좋아할 수 있을까?

• 이름 철자 효과 •

잘 알지 못하는 사람들을 상대로 각각 선호하는 게 뭔지 알아맞혀 보자. 이를테면 시나(Sina), 레드퍼드(Redford), 마이클(Michael), 해나 (Hannah)가 당신 앞에 있다고 하자. 이들 중

☐ 누가 함부르크에 살까?

☐ 누가 시금치를 즐겨 먹을까?

☐ 누가 기자일까?

☐ 누가 샬럿(Charlotte)과 사랑에 빠졌을까?

전혀 모르는 것 같아도 의외로 훨씬 많은 걸 알고 있을 수 있다. 상대의 이름만 알아도 우리는 그 사람에 대해 많은 걸 말할 수 있다. 고객의 이름을 안다면 어떤 상품이든 손쉽게 사게 할 수도 있다. 어쨌거나 '이름 철자 효과'(Name letter effect)를 안다면 얼마든지 활용이 가능하다. 여기서 '이름 철자 효과'란 우리가 우리 이름에 쓰인 철자를 아주 좋아하는 심리를 뜻한다.

이를 입증한 아주 유명한 실험이 있다. 참가자에게 여러 가지 철자 조합, 이를테면 A, G, K, I, H, T를 보여 준다. 그 자체만으로는 아무 의미가 없는 조합이다. 그런데 이 가운데 자신이 좋아하는 철자를 고르게 했더니 누구나 할 것 없이 자기 이름이나 성에 포함된 알파벳을 택했다. 열두 가지 언어로 진행된 모든 실험에서 그 결과는 한결같았다.

숫자로 한 실험에서도 마찬가지였다. 우리는 우리 생년월일 숫자를 좋아한다.

이 효과를 뒷받침하는 설명에는 여러 가지가 있는데 연구자 대다수는 여기에 '에고티즘'(Egotism)이 작용한다고 본다. 자신의 이익만 생각하는 '에고이즘'(Egoism)이 아니다. 에고티즘이란 누구나 자신을 중심으로 세상을 바라보기를 좋아한다는 개념이다. 우리가 우리 이름에 들어간 철자만 봐도 황홀한 이유는 바로 에고티즘 덕분이다.

그 밖에도 우리는 우리 이름을 자주 듣고 보는 덕에 아주 익숙하다. 우리 두뇌는 게을러서 이미 아는 것부터 먼저 챙긴다. 당연히 두뇌의 정보 처리 속도가 올라갈 수밖에 없다. 전문 용어로는 '처리 유창성'(Processing fluency)이라고 한다. 보는 횟수가 잦을수록 물건이든 사람이든 자연스럽게 더 좋아지는 것을 '단순 노출 효과'라고도 한다.

한 연구자는 여기에 '소유 효과'도 작용하는 것으로 본다. 단순히 소유했다는 사실 하나만으로 그 물건을 소중히 여기는 심리다. 우리는 우리 이름에 들어간 철자를 하나의 '재산'으로 여기는 경향이 있다.

이름 철자 효과가 그저 철자를 이리저리 섞어 가볍게 접근해 보는 심리 현상인 것만은 아니다. 인생에서 내리는 중요한 결정에 이 효과가 영향을 끼친다는 사실이 수많은 연구를 통해 확인되었다.

☐ 놀랍게도 이름에 같은 철자가 있는 연인이 많다.

☐ 미국 주민 등록부를 보면 밀워키(Milwaukee)에는 밀드러드(Mildred)가, 필라델피아(Philadelphia)에는 필립(Phillip)이 평균 이상으로 많이 거주한다.

☐ 이름과 직업 사이의 관계도 확인된다. 변호사(lawyer)는 '래리'

(Larry)나 '로리'(Laurie)가 많으며 치과 의사(dentist) 가운데는 '데니즈'(Denise)나 '데니'(Denny)가 많다. 하드웨어 가게(hardware store)를 운영하는 사람의 이름은 거의 80퍼센트에 가깝게 R보다는 H로 시작하는 반면 지붕 공사 업체(roofing company) 종사자의 경우에는 이름이 H보다는 R로 시작하는 경우가 훨씬 많다.

말도 안 된다고? 그 심정 충분히 이해한다. 이 연구에서 나온 어떤 통계든, 귀 기울이면 벼룩 기침 소리가 들린다는 주장만큼이나 말이 되지 않는다는 비판을 자주 받아 왔다. 그러나 이름 철자 효과는 단순한 우연이라고 치부할 수만은 없는 유의미한 통계 수치를 보여 준다. 그 존재만큼은 모든 심리학자가 인정한다. 다만 효과가 어디까지인가 하는 문제를 놓고 논란이 벌어질 뿐이다.

독자 여러분도 한번 시도해 보라! 예를 들어 사장이 프로젝트 기획안 다섯 개를 준비하라고 지시한다면, 당신이 원하는 기획이 채택되도록 프레젠테이션을 준비해 보자. 사장의 이름에 A, B, C, D, E 같은 철자 가운데 하나가 들어가거나 심지어 머리글자라면 원하는 기획안 앞에 붙인다. 철자가 적당하지 않다면 생일을 주목해 보자. 예를 들어 사장의 생일이 12월 2일이라면 기획안에 1부터 5까지 번호를 매기고 당신이 원하는 자료에 2번을 붙이는 식이다. 별명이나 약어를 써 보는 것도 좋은 방법이다. 아무튼 상대방에게 주목하자.

갓 태어난 아들이 기자(reporter)가 되길 원한다면 속는 셈 치고 이름을 레드퍼드(Redford)라고 지어 보자. 눈에 넣어도 아프지 않을 귀여운 딸이 시금치(spinach)를 좋아하길 바란다면 시나(Sina)라는 이름은 어떨까.

# 아름다움이 참됨이며
# 참됨이 아름다움이다

~~~~~~~~~

• 운율에 따른 이성적 설득 효과 •

~~~~~~~~~

─────────────  ─────────────

아래 글을 읽고 점수를 매겨 보자.


1. 장물을 사는 것은 불법적인 재산 취득이다. 장물 취득은 도둑질
   보다 더 나쁜 죄다.


1 ― 2 ― 3 ― 4 ― 5 ― 6 ― 7 ― 8 ― 9

틀리다                                          맞다


2. 도둑도 나쁘지만 장물아비는 더 나쁘다.

1 — 2 — 3 — 4 — 5 — 6 — 7 — 8 — 9
틀리다                                                      맞다

---

두 진술이 하고자 하는 말은 동일하다. 1번은 심지어 근거까지 정확히 명시했다. 하지만 2번은 단순히 주장만 하고 있다. 그런데도 사람들은 1번보다 2번 주장을 더 지지한다는 사실이 연구 결과 밝혀졌다. 세계 어느 나라 어느 언어에서나, 운율이 살아 있는 말이 듣기에도 좋고 귀에도 쏙쏙 들어오는 것이 사실이다.

심지어 이를 증명한 실험도 있다. 운율이 잘 맞는 원래 문장과 함께, 운율을 삭제한 문장을 참가자에게 보여 준 후 옳고 그름에 점수를 매기게 했다.

실제로 실험에 쓰였던 영어 문장을 예로 들어 살펴보자.

Life is mostly strife.(원래 문장)
Life is mostly struggle.(수정된 문장)

두 문장의 내용은 동일하다. '인생은 대개 투쟁이다.' 그렇지만 실험 참가자 대다수는 원래 문장에 좀 더 높은 점수를 줬다.

이런 현상을 어떻게 설명해야 좋을까? 물론 원래 문장을 더 자주 들어 본 탓에 그런 판단을 내릴 수도 있다. 익숙하기 때문에 두뇌가 그 정보를 빨리 처리하는 것이다.

그래서 이어지는 실험에서는 운율이 없는 원래 문장과 함께 운율을 살려 수정한 문장을 제시해 보았다.

Good intentions excuse ill deeds.(원래 문장)

Good intentions excuse ill acts.(수정된 문장)

여기서도 두 문장의 뜻은 동일하다. '선의는 나쁜 짓을 용서한다.' 원래 문장의 deeds를 acts로 바꾸어 모음으로 시작하는 intentions와 운율을 맞췄다. 익숙한 말을 더 믿음직스럽게 여기는 법이라면 사람들은 원래 문장에 더 높은 점수를 줘야 했지만 실험 결과는 달랐다. 물론 몇몇 참가자는 자주 들어 본 말에 손을 들어 주기도 했지만 점수 차가 크지는 않았다. 또한 운율 효과를 미리 언급한 경우 '운율에 따른 이성적 설득 효과'(Rhyme-as-reason effect)는 나타나지 않았다.

운율에는 실제로 독특한 기능이 있다. 운율이 잘 맞는 문장은 합리적인 문장으로 여겨진다. 처음 듣든, 어려서부터 익히 아는 말이든 운이 들어간 문장을 우리는 훨씬 잘 이해한다. 그러니까 두뇌 처리 속도를 뜻하는 '처리 유창성'을 높이는 방법에는 반복 학습뿐만 아니라 운율도 있는 셈이다.

아름다운 울림이 실린 말은 듣는 이에게 믿음을 준다. 영국 시인 존 키츠의 〈그리스 도자기에 바치는 시〉(Ode on a Grecian Urn)에는 이런 표현이 나온다. "아름다움이 참됨이며, 참됨이 아름다움이다." 운율 또한 아름다움이다. 이 시구 때문인지 '운율에 따른 이성적 설득 효과'는 키츠의 이름을 따서 '키츠 체험 교수법'(Keats-Heuristic)이라고 불리기도 한다. 거의 모든 속담은 멋진 운율을 자랑한다. 속담이 수백 년 넘게 생생히 이어지는 이유 또한, 아름다운 운율로 참된 진리를 알려 주기 때문이다.

아름다운 말의 힘은 일상에서 다른 사람을 설득할 때도 유용하다. 미국의 전직 미식축구 선수 O. J. 심슨 재판도 맞춤한 사례를 보여 준다. 그는 전처를 살해했다는 혐의로 재판을 받았다. 그가 유죄임을 보여 주는 증거는 아주 많았다. 그러나 현장에서 발견된 장갑은 심슨의 우람한 손에 비해 너무 작았다. 심슨의 변호사는 최후 변론에서 배심원을 상대로 단 한마디만 했을 뿐이다. "If it doesn't fit, you must acquit."(장갑이 맞지 않는다면 여러분은 무죄를 선고해야만 합니다.) 각운이 모두 T가 되는 멋진 문장이었다. 심슨은 무죄 선고를 받고 풀려났다.

변호사나 검사가 아니더라도 집이나 직장에서 운율 실린 메시지를 주고받는 걸 즐겨 보자. "야근이 너무 많아."라고 불평하기보다는 "연장 근무는 지옥, 정시 퇴근은 천국."이라고 말해 보자. 또는 "넌 무슨 말을 그렇게 심하게 해?"라고 하는 대신 "가는 말이 고와야 오는 말도 곱다."라고 말해 보면 어떨까.

반드시 시인이어야만 운율을 살릴 수 있는 것은 아니다. 누구나 조금만 생각해 보면 즐겁게 운율을 만들어 낼 수 있다.

기분 나쁜 일이 있더라도 불평불만만 늘어놓는 대신 멋진 운율을 살려 한마디 해 보는 건 어떨까! "똥이 무서워서 피하나, 더러워서 피하지!" 그러고 나면 기분이 조금은 후련해질지도 모른다.

# 너의 행동을 주목하라,
# 그것이 너의 생각이 된다

### • 자기 지각 이론 •

"말고기 좋아하세요?"

이 질문에 가슴에서 우러나 "네."라고 답한 사람은 아마도, 매주 정육점에서 말고기를 사거나, 말고기 전문 정육점 주인일 것이다. 단호하게 "아니요!"라고 외쳤다면, 말을 사랑하는 나머지 식탁에 말고기가 오르는 일이 전혀 없거나, 그 자신이 말일 것이다.

아마도 대다수의 사람들은 한 번도 생각해 본 적 없는 질문에 잠깐 고민할 것이 분명하다. 지금껏 말고기를 입에도 댄 적이 없다는 사실을 처음으로 깨닫는 사람도 적지 않으리라. 아니면 몇 년 전 딱 한 번 먹어 본 기억이 떠오르거나. 어쨌거나 이렇게 대답할 공산이 크다. "아니, 딱히 좋아하지 않아."

이런 질문을 듣고 대답하는 과정에서, 우리는 머릿속에서 일어나는 한 가지 흥미로운 과정을 목격할 수 있다. 사람의 성향은 지난 행동에 비추어 드러난다. 즉 말고기를 얼마나 자주 사느냐가 말고기를 얼마나 좋아하는지 가늠하는 셈이다.

분명하지 않은가? 그러나 보통은 거꾸로다. 일반적으로 우리는 우리 성향에 따라 행동한다고 여긴다. 지혜로운 탈무드도 이렇게 말하지 않았던가. "너의 생각을 주목하라, 그것이 곧 너의 말이 된다. 너의 말을 주의하라, 그것이 곧 너의 행동이 된다."

전적으로 옳은 말이다. 그러나 그처럼 일방통행이기만 한 것은 아니다. 위 사례는 역방향 통행도 얼마든지 가능하다는 사실을 보여 준다. 즉 우리 생각은 우리 행동에 적응하기도 한다. 탈무드의 말에 이렇게 덧붙일 수도 있다. "너의 행동을 주목하라, 그것이 너의 생각이 된다."

위 질문을 통해 당신은 다른 사람을 분석하듯 당신의 지난 행동을 번개처럼 빠르게 분석해 보았으리라. 물론 다른 사람의 '머릿속을 들여다볼 수는 없기' 때문에 상대가 말고기를 좋아하는지 아닌지 알 수 없다. 예를 들어 친구가 말고기를 잘 먹느냐고 묻는다면 당신은 생각 끝에 이렇게 대답하지 않을까. "말고기를 먹는다는 얘기는 전혀 들어 보지 못했어. 그러니까 특별히 좋아하는 건 아닌 것 같아."

'자기 지각 이론'(Self-perception theory)은 바로 이렇게 출발한다. 우리는 주변 사람들을 관찰하듯 우리 자신도 '외부의 시각'으로 냉철하게 바라보아야 한다. 그래야 비로소 우리 자신의 '머릿속'을 들여다볼 수 있기 때문이다. 이는 매우 중요하다. 우리는 대개 다른 사람만 관찰할 뿐, 자기 자신을 생각하는 일이 별로 없다.

물론 이 방법은 두 가지 전제 조건을 충족해야만 한다. 우선 자신의 성향을 확실히 알지 못해야 한다. 만약 당신이 초등학교 때 친구와 같이 만든 '우정 노트'에 '내가 좋아하는 음식: 말고기 파스타'라고 써 놓았다면 이미 답을 아는 것이니 고민할 필요가 없다.

두 번째로 오로지 자발적인 행동만으로 성향을 추론해야 한다. 어쩌다가 말고기 전문 식당에서 아르바이트를 하는 바람에 어쩔 수 없이 말고기를 먹었다면 그 행동에 비추어 당신이 말고기를 좋아하는지는 판단할 수 없다.

'자기 지각'을 통해 실제 성향을 얼마나 파악할 수 있는가는 우리 행동을 얼마나 정확히 인지하는가에 달렸다. 말고기 문제처럼 항상 분명하지는 않다. 예를 들어 "환경 보호를 어떻게 생각하세요?" 하는 질문은 오히려 복잡하게만 할 뿐이다. 장을 볼 때 친환경 제품을 샀던가? 분리수거를 했나? 쓸데없이 자동차를 몰고 다닌 건 아닐까? 나는 도대체 에너지를 얼마나 쓰고 있을까?

반면 질문이 구체적일수록 답변도 정확해진다. 예를 들어 "세탁기의 에너지 절약 프로그램을 얼마나 자주 이용하세요?" 하고 묻는다면 먼저 사용 횟수부터 헤아리면 된다. 반대로 "세탁기 에너지 절약 프로그램을 사용하지 않나요?" 하고 묻는다면 그 프로그램을 사용하지 않은 횟수부터 꼽게 된다. 어떤 식이든 환경 보호를 얼마나 중요하게 여기는지 알 수 있다. 다만 여기서 우리가 주목해야 할 점은 긍정과 부정의 미묘한 차이다.

인간이 느끼는 행복감은 미묘한 어감에도 커다란 영향을 받는다. "당신은 직장에서 행복한가요?" 하고 물었을 때 "당신은 직장에서 불행한가요?" 하고 물은 경우보다 훨씬 행복해한다는 실험 결과도 있다. 이런 차이가 빚어지는 이유는 질문에 이미 '긍정이라는 시험 전략'을 심어 놓았기 때문이다. 행복하냐는 물음에 우리는 행복했던 기억부터 떠올리게 되어 있다.

이런 전략은 일상에도 얼마든지 적용할 수 있다. 우리가 평소 의식하는 자신의 성향과 감정은 극히 일부에 지나지 않는데 '자기 지각'을 통해 자신을 좀 더 잘 발견하고 알 수 있다. 사람들은 대개 남이 하는 일을 시시콜콜 따지는 걸 무척 좋아한다. 하지만 자기 자신을 돌아보는 일이 더욱 중요하지 않을까. 연구에 따르면 우리가 자신을 알아보는 데 쓰는 시간은 놀라울 정도로 적다. 자기 자신보다는 일이나 숙제를 먼저 생각하기 때문이다. 심지어 '아무것도 하지 않는 시간', 곧 멍하게 보내는 시간이 자신을 생각하는 시간보다 많다고 한다.

다른 사람에게 영향을 주고 싶다면 두 가지 방법이 있다. 우선 상대로 하여금 당신이 원하는 성향을 드러내도록 상황을 만들어 보라. 예를 들어 고양이를 키우고 싶은데 상대가 어떻게 생각할지 모르겠다면 우연인 것처럼 고양이를 만나게 한 후 기다려 보라. 고양이를 쓰다듬거든 원래 고양이를 좋아했느냐고 넌지시 물어보자. 그러면 "좋아해!"라고 대답할 확률이 크다.

두 번째 방법이다. 원하는 대답이 나올 수 있게 질문을 던지라. '질문의 기술'이 중요하다. 예를 들어 퇴근 후 집에서 "오늘 하루는 어땠어?" 하고 묻기보다는 "오늘 하루는 좋았어?" 하고 물어보자. 그러면 직장 동료와 싸웠던 일을 떠올리고 부글거리며 잠자리에 드는 대신 좋았던 일부터 떠올릴 게 틀림없다.

또 다른 예로, 당신과 고양이를 위해 새로운 보금자리를 구할 때 집주인에게 흔히 하듯 "고양이를 싫어하세요?" 하고 묻지 말

자. 거꾸로 "고양이 좋아하세요?" 하고 묻자. 그러면 집주인의
머릿속에서는 완전히 다른 반응이 일어난다. 물론 집주인이 초
등학교 시절 친구와의 '우정 노트'에 좋아하는 음식을 '고양이'
라고 적지만 않았다면.

# 우리는 모두 스스로
# 특별하다고 생각한다

### • 허위 독특성 효과와 허위 합의 효과 •

---

---

다음 중 아주 드문 이름은 무엇이라고 생각하는가?

☐ 마리아(Maria)

☐ 피터(Peter)

☐ 제니퍼(Jennifer)

☐ 신시아힐데군데(Cynthia-Hildegunde)

☐ 고트홀트 암브로시우스(Gotthold Ambrosius)

☐ 당신 이름(위에서 이미 나오지 않았다면)

---

얼핏 보기만 해도 분명하다. 신시아힐데군데나 고트홀트 암브로시우스보다는 마리아, 피터, 제니퍼가 흔한 이름이다. 그런데 만약 당신 이름이 피터나 신시아힐데군데라면 당신 이름이 흔하거나 희귀하다는 것이 당신 자존감에 어떤 영향을 줄까?

이와 관련한 흥미로운 실험이 있다. 참가자에게 여러 이름을 제시하고 흔할 것 같은 이름에 1부터 100까지 점수를 매겨 보라고 했다. 목록에서 자기 이름을 발견한 사람은 그렇지 못한 사람에 비해 평균적으로 10점 낮은 점수를 주었다. 그만큼 사람들은 자신의 이름을 희귀하다고 여긴다. 물론 이런 믿음은 현실과는 거리가 멀다.

왜 이런 설문 조사로 시간을 허비할까? 이 실험에서 얻은 결과를 통해 우리가 자기 자신을 얼마나 현실적으로 평가하는지 추론할 수 있기 때문이다. 이 이름 효과 연구는 '허위 독특성 효과'(False uniqueness effect)라는 좀 더 폭넓은 연구의 한 부분일 따름이다. 즉 우리는 이름뿐만 아니라 거의 모든 면에서 자기 자신을 실제보다 훨씬 독특하다고 여긴다. 그리고 일반적으로 우리는 일분일초 다른 사람과 다르게 보이려고 안간힘을 쓴다.

예를 들어 참가자들에게 인성 테스트를 치르게 한 후, 당신 성품이 평범하다거나 매우 독특하다고 말해 준 실험이 있었다. 그런 다음 다양한 활동 가운데 하나를 골라 해 보라고 했다. 이를테면 장터에서 옷, 구두, 곡물, 채소, 육류 따위를 취급하는 상인 가운데 하나를 고르게 했다. 이미 아는 일과 아주 새로운 일이 뒤섞인 과제였다. 그리고 참가자에게 다른 사람들은 어떤 활동을 주로 택하는지 말해 주었다.

인성 테스트 결과 그저 평범하다는 이야기를 들은 참가자는 거의 강박증과 가까운 태도를 보이며 남들이 하지 않는 활동을 택하려고 안간힘을 썼다. 비록 자신이 그 일을 이미 잘 알아도 전혀 개의치 않았다. '평범하다'라는 평가가 너무도 싫은 나머지 튀는 모습을 보여 주려 애쓴 것이다.

반대로 테스트에서 '매우 독특하다'라는 평가를 받은 참가자는 아주 느긋했다. 그는 그냥 자신이 가장 흥미를 느끼는 일을 택했다. 다른 사람들도 흔히 택하는 일이라는 지적에도 아랑곳하지 않았다.

실험에 약간 변형을 주어 참가자들에게 당신 의견이 대다수와 일치한다고 말해 주었더니 재미있는 반응이 나왔다. 그 이야기를 듣자마자 참가자는 저마다 앞다투어 의견을 바꾸었다. 반대로 참으로 독특하고 흥미로운 의견이라고 말해 주자 어떻게든 그 의견을 더욱 내세우려 노력했다. 설문 조사 결과도 비슷한 경향을 확인해 주었다. 사람들은 자신의 의견이야말로 매우 독특하고 훌륭하다고 믿었다. 실제로는 누구나 하는 이야기를 고스란히 되풀이한 것일지라도 자신의 입에서 나온 말만큼은 뛰어나다고 고집했다.

참으로 흥미로운 점은, 질문을 약간 바꿨을 뿐인데도 서로 충돌하는 전혀 다른 반응이 나타났다는 사실이다. 의견을 평가하지 않고, 인구 가운데 몇 퍼센트나 당신 의견에 동의할 것 같으냐고 물었더니 실험 참가자들은 저마다 대다수 사람들이 공감할 거라고 자신 있게 말했다. 앞서 실험에서는 당신 의견이 일반적이라는 말에 이내 말을 바꾸지 않았던가. 아무튼 우리는 이토록 어처구니없을 정도로 우리 자신을 과대평가하는 경향이 있다. 또 우리는 식생활이나 운동의 개인적 습관이 다른 사람에게도 있다고 믿는다. 특히 부정적인 습관이라면 '남들도 다 그래.' 하는 식으로 현실과는 다르게 애써 포장하려 들었다. 이런 현상을 심리학은 '허위 합의 효과'(False-consensus effect)라고 한다.

독특성과 합의를 착각하는 두 효과는 스스로 자신을 속이는 일종의 자기기만이다. 그런데 두 효과는 각기 저마다의 방식으로 우리 인생을 좀 더 편안하게 만들어 준다. '허위 독특성 효과'는 뛰어나길 원하는 우리 욕구를 충족해 준다. 세상 사람이 다 그런 것처럼 믿게 만드는 '허위 합의 효과'는 반대로 사람들이 사회에서 더불어 살아가는 것을 두 가지 측면에서 좀 더 쉽게 해 준다. 우선 우리는 처음 만나는 사람이 어떤 성격인지, 무슨 생각을 하는지 전혀 모른다. 이때 우리는 그 사람의 생각이 나와 같다는 것을 전제로 그를 대한다. 자신의 생각과 특성을 상대에게도 고스란히 적용하는 이런 행동을 심리학은 '투사'(Projection)라고 한다. 둘째로 우리는 상대가 우리 자신과 크게 다를 바 없다고 생각해야 쉽사리 마음의 문을 열고 교류할 수 있다. 그래서 우리는 상대가 우리와 똑같이 생각하고 행동하는 것을 더욱더 좋아한다.

실험에서 보았듯이 두 효과는 서로 대립하지 않는다. 열띤 토론 현장을 지켜본 사람은 누구나 안다. 우리는 토론을 할 때 누구나 해당 주제에 독특한 의견을 가진 것을 대단히 자랑스럽게 생각한다. 공들여 자료를 조사하고 고민 끝에 이끌어 낸 자신의 의견이 소중해 보이는 것은 당연한 일이다. 동시에 누구나 자신의 의견에 동의하지 않는다는 사실에 우리는 경악한다. 자신의 의견이야말로 '올바른 것'이기 때문이다. 그런데 누군가 당신 말이 맞는다고 인정해 줘도 실망은 피할 수 없다. 이제 자신의 의견이 더는 특별하지 않아졌기 때문이다.

인정받길 바라면서도 인정해 주면 실망한다? 얼핏 보면 모순 같지만 여기서 우리 뇌는 대단한 유연성을 자랑한다. 우리는 자신이 처음으로 '올바른' 의견과 행동 방식을 발견하길 바란다. 다른 사람들은 우리 뒤를 따르는 것 말고는 달리 선택이 없다. 동의해 줬다고 해서 우리 의견이 특별함을 잃는 것은 아니다. 이제 다른 사람들과 의견을 공유하게 되었지만 그래도 우리가 '더 뛰어나게' 생각하고 행동했다!

이것이 바로 자기기만에 대처하는 우리 뇌의 유연한 태도다. 중요한 것은 어떤 상황에서든 바로 우리 자신이 기분 좋아야 한다는 사실이다!

자, 여기서 우리는 무엇을 배울 수 있을까? 어떤 점에서 자신이 아주 뛰어나다고 느껴지거나 혹은 더없이 평범하다는 생각에 괴롭다면 정말 그런지 의심하라. 어느 쪽이든 부정적인 결말을 가져올 자기기만에 지나지 않는다. 나만 잘났다는 오만과, 모두 나처럼 생각하고 행동하리라는 착각처럼 파괴적인 것은 없다. 우리는 더불어 사는 이웃과 생각보다 훨씬 더 비슷하다. 집착이라도 하듯 자신의 개성만 내세울 게 아니라 서로가 매우 닮은 존재라는 사실을 항상 새긴다면 우리는 함께 훨씬 더 잘 지낼 수 있다.

한편 우리가 굳게 믿는 것이라고 해서 모든 사람이 똑같이 생각하진 않는다는 점을 유념하자. 우리는 다른 사람을 판단할 때, '투사'라는 함정에 빠지지 않도록 각별히 주의해야 한다. 이는 특히 연인 관계에서 정말 중요하다. 만나 온 시간이 길수록, 상대도 당연히 나처럼 생각하고 행동하겠거니 여기게 된다. 좋은 관계를 이어 나가는 데에 이런 태도는 결코 바람직하지 않다. 친밀하고 소중할수록 예의와 대화가 중요한 법이다.

만약 누군가의 생각을 바꿔 주고 싶다면 독특하고 뛰어나 보이길 원하는 인간의 이 간절한 욕구를 이용해 보자. 간단하다. 그저 그에게 "당신 의견이 요즘 대세더라고요." 하고 말해 주자.

# 암기력을 극대화하고 싶다면
# 미련을 남겨 두라

~~~~~~~~~
● 자이가르니크 효과 ●
~~~~~~~~~

이 책을 어떤 방식으로 읽어야 되도록 많은 걸 기억할 수 있을까?


☐ 단숨에 읽는다.

☐ 여러 차례 기회가 있을 때마다 읽는다.

☐ 되도록 미루어 가며 천천히 읽는다.


　중간중간 끊어 주며 곱씹으면서 읽을 때 더 많은 것을 더욱
잘 기억한다는 연구 결과가 있다. 단숨에 통독하는 것은 그다지

좋은 방법이 아니다. 약 100년 전 러시아 출신 심리학자 블루마 불포브나 자이가르니크가 베를린에서 이 효과를 입증한 후 '자이가르니크 효과'(Zeigarnik effect)라고 불린다.

자이가르니크는 당시 실험 참가자 스물두 명에게 여러 과제를 주었다. 다음은 그중 몇 가지 사례다.

☐ 당신 이름의 모노그램을 만들어 보시오.

☐ 직사각형 성냥갑으로 의자를 만들어 보시오.

☐ 동그랗게 말린 철사를 곧게 펴시오.

☐ 색종이를 오려 양탄자 모양으로 만들어 보시오.

☐ 타원형 안에 되도록 많은 곱표를 해 보시오.

☐ 종이에 번호를 매겨 보시오.

☐ '구름', '증오', '철망', '탁자'라는 단어로 의미 있는 문장을 만들어 보시오.

☐ 종이비행기를 접어 보시오.

☐ 이름 철자가 일곱 개인 독일 작가의 이름을 찾아 첫 글자가 똑같은 독일 도시 이름을 나열해 보시오.

☐ 임의의 다섯 자리 숫자에서 여섯 번째 자리에 1을 붙이면 맨 앞자리 숫자가 1인 여섯 자리 숫자보다 세 배 커지는 경우를 찾아보시오.

☐ 철사 세 가닥을 20센티미터까지 꼬아 보시오.

얼마나 많은 문제를 기억할 수 있겠는가? 그러나 위의 예는 약과다. 실제로 실험 참가자들은 이보다 두 배는 많은 문제를 풀어야만 했다. 물론 한꺼번에 모든 문제를 기억할 수는 없다. 바로 그래서 이 테스트는, 우리가 어떤 조건 아래에서 문제를 가장 잘 기억하는지 알아보는 데 안성맞춤이다.

실험 틈틈이 자이가르니크는 문제 풀기를 멈추게 했다. 그리고 다음 문제로 넘어가라고 말해 주었다. 마지막에 얼마나 많은 문제를 다루었는지 헤아려 보게 하자 참가자들은 끝까지 풀지 못하고 중간에 멈추었던 문제를 두 배나 더 잘 기억했다.

아마도 당신은 문제에 따라 다를 거라고 반문하리라. "'구름', '증오', '철망', '탁자'라는 단어로 의미 있는 문장을 만들어 보시오."라는 문제는 너무 까다로워서 시간이 오래 걸리고 그 때문에 훨씬 더 기억에 남을 수 있기 때문이다. 바로 그래서 자이가르니크는 모든 문제를 단번에 풀지 않도록, 그리고 참가자가 각 문제에 들이는 시간이 비슷해지도록 유도했다. 그래도 효과는 분명히 나타났다. 기억을 얼마나 잘 하는지는 문제의 구체적인 내용과 아무런 상관이 없었다.

그렇다면 '자이가르니크 효과'를 어떻게 설명할 수 있을까?

어떤 일을 시작하고 끝까지 처리하지 않으면 우리 내면에는 긴장감이 형성된다. 문제를 해결하지 않았다는 '불만'이 그 긴장감의 주범이다. 바로 그래서 우리 뇌는 그 문제를 더욱 잘 기억한다. '해결되었음. 없다고 생각해도 좋음.'이 아니라 '긴급 상황' 서류철에 문제를 담아 두기 때문이다.

'미루기 좋아하는 버릇'에 사로잡힌 사람에게는 희소식이 아닐 수 없다. 그러나 명심하자. 미루라는 게 아니라 될 수 있는 한 문제를 오래 생각하라는 말이다. 시험 준비를 하거나 논문을 쓸 때, 주제를 되도록 오래 '물고 늘어지라!' 어쨌거나 기억하는 데에는 이것이 최상의 방법이다. 문제를 단박에 풀어 버리면 매우 흡족하기는 하지만 두뇌에는 방해가 될 따름이다. 이제 잊어도 좋다는 신호탄이나 다름없으니까.

훗날 다른 연구자들은 '자이가르니크 효과'를 일상생활에 일반화해서 적용할 수 있을까 하는 의문을 품었다. 그렇지만 우리는 그냥 시도해 보자. 이 책을 끝까지 읽지 않았을 때 책 내용을 얼마나 자주 떠올리는가? 다 읽은 후 책을 서가에 꽂아 놓았을 때 책 내용이 얼마나 자주 생각나는가?

물론 앞서 예로 든 두 번째 방법, 즉 '반복'도 도움이 된다. 가장 좋은 방법은 이 책을 연속해서 다섯 번쯤 읽는 것이다. 물론 마지막 장은 남겨 놓고!

# 무임 승차자를 막고 싶다면
# 역할 분담을 분명히 하라

• 사회적 태만 •

자동차가 거리 한복판에서 갑자기 서 버렸다. 집까지는 100미터
정도 더 가야 한다.

차에서 내려 밀어 보기로 결심한다. 다행히도 지나가는 사람이 세
명 보인다. 도와 달라고 부탁해야겠다.

어떻게 해야 세 사람의 힘을 최대한 이끌어 낼 수 있을까?


☐ 세 사람 모두 힘을 합쳐 집까지 차를 민다.

☐ 세 사람이 각자 33.33미터를 민다.

오늘날 팀이 없는 직장 생활이라는 걸 상상이나 할 수 있을까? 요즘엔 팀플레이를 모르는 사람은 아예 일자리를 얻지 못한다. '역동적인 팀에서 조화롭게 협력'하는 능력을 필요로 하지 않는 일자리는 아예 공고조차 나지 않는다. 적어도 채용 공고를 보면 그런 인상을 지울 수 없다. 일거리는 팀에 주어진다. 감사와 비판도 팀이 받을 뿐이다. 심지어 개인은 전혀 존재하지 않는 것처럼 보일 지경이다.

그래서 말이지만 퍼져 버린 자동차를 미는 일도 팀에 의존하는 편이 좋으리라. 세 명이 힘을 모으면 혼자서 미는 것보다 훨씬 나을 것 아닌가.

그러나 이는 우리를 속이는 것에 지나지 않는다는 사실이 이미 오래전에, 그러니까 말과 소가 수레를 끌던 시절에 입증되었다. 1882년에 프랑스 농업 전문가 막시밀리앙 링겔만은 어떻게 해야 말과 소와 인간의 힘을 가장 효율적으로 활용할 수 있는지 연구했다. 물론 링겔만은 소를 집중적으로 연구했지만 사람에게 적용해도 무방해 보인다.

이를테면 이런 식이다. 한 명 대신 일곱 명이 밧줄을 잡아당긴다면 힘은 어떻게 배분될까? 장정이 일곱이니 그 힘도 일곱 배가 되어야 마땅해 보인다. 그러나 실제로 확인해 보면 전혀 그렇지 않다. 남자 한 명이 쓰는 힘이 85킬로그램이라고 하자.(당시 힘을 재는 단위는 '킬로그램'이었다. 오늘날 우리는 뉴턴을 힘의 단위로 쓴다.) 그런데 일곱 명이 팀을 이루자 한 사람당 힘은 65킬로그램으로 떨어졌다. 팀을 이루자 족히 4분의 1에 해당하는 힘이 사라져 버렸다! 링겔만은 한 걸음 더 나아가 이번에는 열네 명으로 팀을 꾸렸다. 그러자 남자 한 명이 발휘하는 힘은 더욱 줄어 61킬로그램에 지나지 않았다.

자신의 이름이 붙은 이 '링겔만 효과'(Ringelmann effect)에 링겔만은 두 가지 설명을 내놨다. 우선 협력이 효과적으로 이루어지지 않는 것이 그 하나다. 여러 사람이 함께 밧줄을 잡아당기려면 저마다 최적의 위치를 찾아내야 한다. 그래야만 힘이 서로 충돌하지 않고 더해질 수 있다. 이런 사실은 130년이 지난 오늘날에도 그대로 적용된다. 함께 프레젠테이션을 준비하든 고객 설명회를 개최하든 팀워크는 각 팀원이 최적의 위치를 찾아낼 때 시너지 효과를 얻을 수 있다. 상승 작용과 충돌 사이의 경계는 참으로 미묘하기만 하다. 게다가 누군가 의도적으로 게으름을 피우는 경우도 배제할 수 없다.

링겔만은 두 번째 원인으로 동기 부족을 꼽았다. 팀으로 일하면 각 팀원의 열의는 떨어진다. 그러나 링겔만은 이 동기 문제를 더 깊게 다루지는 않았다. 기술자였던 링겔만은 도대체 '왜' 그런 현상이 일어나는지에는 전혀 관심이 없었기 때문이다.

거의 100년이 흐른 뒤 심리학자들은 링겔만 실험에 가능한 모든 변형을 주어 가면서, 사람들이 팀을 이룰 때 능력이 떨어지는 것이 협력 문제인지 아니면 의욕 문제인지 밝혀내려 시도했다. 참가자의 눈을 가린 후 "다 함께 잡아당기세요.", "이번에는 혼자 당기세요." 하고 말하면서 실제로는 두 번 모두 혼자 잡아당기도록 해 보았다. 협력 문제는 아예 처음부터 배제한 셈이다. 결과는 놀라웠다. 다 함께 잡아당기라고 하자 참가자가 실제로 쓰는 힘의 크기가 약해졌다. 이유는 단 하나, 팀으로 잡아당긴다고 믿은 탓이다! 이로써 팀워크는 실제로 동기를 떨어뜨린다는 사실이 증명되었다.

오늘날 심리학은 이런 현상을 노골적으로 '사회적 태만'(Social loafing)이라고 부른다. 쉽게 말해 집단을 이루면 게으름을 피운다는 뜻이다. 그 후로도 많은 실험이 시도되었지만 결과는 한결같았다. 이른바 '정신노동', 예를 들어 계산 문제에서도 결과는 같았다. 최근에는 심지어 과제를 주고 혼자 준비한 후 마무리는 팀으로 하라고 했더니 더욱 성과가 나빠지는 경우까지 확인되었다.(친구들과의 경험으로 익숙한 이야기인가?)

이런 현상을 설명할 수 있는 핵심 키워드는 '통제'와 '인정'이다. 인간에겐 누구나 모든 일을 자신이 통제하고, 다른 누구도 아닌 자신의 실력으로 인정받으려는 욕구가 있다. 팀의 결과는 나 자신이 통제할 수 없다. 혼자 하는 것이 오히려 속 편하다. 또한 인정을 남과 나누고 싶지도 않다. 누구도 이런 상황을 좋아하지 않기 때문에 각자의 동기가 약해질 수밖에 없다.

'사회적 태만'을 방지하는 방법은 팀 성과에서 개인 몫을 떼어 내 하나하나 살펴보는 것이다. 이처럼 팀원 각자의 성과를 따로 평가하면 희한하게도 '링겔만 효과'가 일어나지 않는다.

오늘날 많은 기업은 이런 개인 평가를 금기시한다. 제도 자체가 팀 단위로 이루어져 있기 때문이다. 그러나 당신이 상사라면 팀 제일주의를 부담 없이 떨쳐 버리라. 적어도 한 번쯤은 개별적으로 업무를 나누어 주고 평가하면서 무슨 변화가 일어나는지 관찰해 보라. 반대로 별로 달갑지 않은 프로젝트를 치워 버리고 싶다면 사안을 '철저히 처리해야 한다.'라고 하면서 대규모 TF 팀을 꾸리라. 일은 벌써 물 건너간 것이나 다름없다. 그리고 만약 당신이 팀 제일주의에 빠진 상사 밑에서 일한다면 이제 방법은 두 가지다. 그냥 푹 쉬라. 물론 아무것도 하지 않으면 힘들다. 언제 일이 끝나는지 전혀 알 수 없기 때문이다. 그저 빈둥거리는 대신 개별적으로 평가받을 수 있을 만한 업무만 맡도록 신경 쓰자.

사생활에서도 '링겔만 효과'는 알아 두면 도움이 된다. 예를 들어 수리공을 부를 일이 있거든 오로지 '한 명'만 오라고 고집

하라. 두 명이 오는 경우 우리는 흔히 '까짓 뭐 어때, 한 사람이 한 시간을 일하든, 두 사람이 30분씩 일하든 똑같을 거 아냐.' 하고 생각한다. 링겔만을 모르고 하는 생각이다.

배우자나 가족과 함께 해결해야 할 집안일이 생긴다면, 가장 좋은 방법은 각자 해야 할 일을 명확하게 분담하고 자기 일은 오로지 자신이 책임지게 하는 것이다. 친구들과 '함께' 여행을 떠나기로 하고 계획해 본 사람이라면 이게 무슨 말인지 너무도 잘 알리라.

물론 화목한 팀 분위기가 긍정적으로 작용하는 경우가 없는 것은 아니다. 아주 어려운 업무라 엄청난 긴장감이 요구되는 경우에는 서로 힘을 모으는 것이 최선이기는 하다. 이런 경우 팀이 보여 주는 성과는 오히려 좋아진다. 이는 물론 특수한 경우에만 해당하는 이야기일 따름이다. 보통 우리가 처리해야 하는 일은 프레젠테이션이나 세탁기 수리일 뿐, 달나라 여행이 아니지 않은가.

# 왜 누군가 지켜볼 때
# 묘하게 집중이 잘 될까?

### • 사회적 촉진 •

새 책장을 샀다. 직접 조립하는 제품이다. 집에서 부품들을 늘어놓고 조립 설명서를 읽는다. 어떻게 해야 가장 쉽고 빠르게 책장을 조립할 수 있을까?


☐ 주소록을 뒤져 친구, 이웃, 동료들에게 몽땅 문자 메시지를 보내 집으로 초대한다. 그러면 우리 모두 뭔가 얻으리라.

☐ 외부와 완전히 접촉을 끊는다. 그러면 제대로 집중할 수 있으니까.

유명한 바퀴벌레 실험이 있다. 먼저 밝은 불빛 아래 바퀴벌레를 달아나게 둔 채 얼마나 빨리 달리는지 측정해 본다.

그런 다음 모든 과정을 관중 앞에서 고스란히 되풀이한다. 그렇다, 제대로 알아들었다. 바퀴벌레 관중 앞에서! 물론 평범한 바퀴벌레가 제 발로 관중석을 찾아올 리는 없다. 그래서 약간 쉰내가 나는 샐러드 몇 조각과 역시 약간 상한 우유 한 팩으로 성찬을 차려 주고 관중석에 찾아오도록 유인한다. 육상 트랙을 따라 투명 플라스틱을 둘러 만든 관중석이다.

이런 수고는 보상이 되고도 남았다. 아무도 보지 않을 때보다 관중이 지켜볼 때 바퀴벌레가 더 빨리 달린다는 것이 입증되었기 때문이다. 이를 '사회적 촉진'(Social facilitation)이라고 한다. 누군가 지켜볼 때 과업을 더 잘 수행한다는 뜻이다.

그런데 불빛을 증오하는 바퀴벌레가 빛을 보면 빨리 달리는 것은 너무 쉬운 일이다. 그래서 좀 더 어려운 조건에서 실험이 이루어졌다. 미로를 달리며 출구를 찾게 한 것이다. 그러자 정반대되는 효과가 나타났다. 관중이 지켜보는 앞에서는 실력이 뚝 떨어지고 말았다.

어쨌거나 바퀴벌레는 그랬다.

책장 조립과 관련해서 이 이야기를 생각해 보자. 세심하고 계획적인 여러 실험은 '사회적 촉진'이 모든 생명체, 특히 우리 인간에게서도 나타나는 것을 증명했다.

한 실험에서 참가자들에게 실험복을 입도록 했다. 그런데 사실은 옷 갈아입는 것 자체가 실험이었다. 구두를 벗고 실험실 양말을 신고 실험실 신발을 신고 가운을 입기만 하면 된다. 그런 다음 참가자에게, 유감스럽게도 실험이 연기되었다고 말한다. 그러면 피실험자는 다시 옷을 갈아입는다.

이 모든 것이 다양한 조건 아래에서 이루어졌다. 참가자를 홀로 두는 경우, 감독이 옆에 앉아 노골적으로 지켜보는 경우, '우연히' 어떤 사람이 들어와 무언가를 수리하는 경우 등등.

결과는 정말이지 환상적이었다. 구두를 벗고 다시 신는 데 평균적으로 걸린 시간은 16초였다. 우리가 거의 매일 하는 익숙한 동작이라 아주 쉬운 일이다. 그러나 익숙하지 않은 실험복을 입고 벗는 일은 좀 더 어려워 28초가 걸렸다.

옆에서 누군가 노골적으로 지켜보는 경우, 평소 옷으로 갈아입는 '쉬운 일'은 11초밖에 걸리지 않았다. 지켜보는 사람이 없을 때보다 30퍼센트가 빨랐다. '우연히' 누군가 같은 공간에 있지만 지켜보지는 않는 경우에는 혼자만 있을 때보다 20퍼센트가 빨라졌다.

실험복을 입는 '어려운 일'에서는 정반대의 결과가 나왔다. 여기서 참가자는 누군가 지켜볼 때 18퍼센트나 더 오래 걸렸다.

(28초가 아니라 33초) '우연히' 누군가 들어왔을 때에도 거의 마찬가지였다.(28초가 아니라 32초)

바퀴벌레든 인간이든, 누군가 지켜보면 우리는 감정적으로 흥분한다. 이런 흥분은 익숙한 일을 할 때는 신바람이 나게 해준다. 그러나 익숙지 않아 어려운 일을 처리해야 할 때는 오히려 집중에 방해가 된다.

우리가 앞서 살펴본 '사회적 태만'과는 정반대 심리인 셈이다. 거기서 우리는 팀보다는 홀로 할 때 간단한 일을 더 쉽게 해결하는 것으로 확인했다. 어려운 일의 경우에는 팀이 더 효과적이다. 차이를 주목해 보자. '사회적 태만'은 다른 사람들과 함께 일하는 탓에 빚어진다. 반면 '사회적 촉진'은 그저 다른 사람이 옆에 있어서 생겨나는 효과다.

이로써 우리는 책장 조립 문제의 답을 알 수 있다. 책장 조립을 쉬운 일로 여긴다면 되도록 많은 사람들을 끌어모으는 것이 쉽고 빠른 해결책이다. 반대로 책장 조립이 복잡하고 어려운 일이라면 혼자서 해결하는 게 더 낫다. 아니면 기술자를 부르거나.

이런 심리 효과는 다른 상황에서도 많은 도움이 된다. 익숙한 일을 처리할 때에는 사람이 여러 명 있는 큰 사무실이 좋다. 물론 이때도 어려운 업무를 맡은 사람을 위해 혼자만의 공간은 필요하다.

이 원리는 업무뿐 아니라 사적인 일에도 적용할 수 있다. 집 청소를 할 때는 친구들을 관중으로 초대하라. 외향적인 사람은 집 안에 카메라를 설치해 두고 인터넷에 사생활을 생중계하기도 한다. 그러면 모든 게 쉬워질 뿐만 아니라 부수입도 올릴 수 있다.

숙제를 하는 자녀 곁을 지키라. 또는 수리공이 일하는 현장에 함께 있으라. 옷 갈아입는 실험이 보여 줬듯 그저 같은 공간에 있으면서 다른 일을 하는 것만으로도 충분하다.

개인적인 작업을 할 때도 '사회적 촉진' 덕을 볼 수 있다. 예를 들어 이 장은 카페에서 썼다. 주변에 사람들이 많아 살짝 긴장감을 유지하며 아주 빨리 쓸 수 있었다. 그래서 오늘 우리는 점심시간을 좀 더 오래 즐겼다.

윽! 이 장을 그리 어렵지 않게 썼다는 걸 실토하고 말았구나.

# 모두가 '네'라고 할 때
# '아니요'라고 하기 힘든 이유

### • 집단 극화 효과 •

아주 멋진 사업 아이디어가 떠올랐다. '끝내기 전문 업체'라는 것이 있다면 끝내지 못해 안달인 고객이 줄을 서지 않을까? 애인이나 배우자, 사장 혹은 이동 통신사와 갈라서기 원하는 고객이 찾아와 제발 관계를 끝내 달라고 한다. 그러면 소정의 수고비를 받고 끝장을 보는 거다.

그러자면 물론 돈이 필요하다. 광고도 해야 하고 '끝내기 요원'도 고용해야 하지 않겠는가. 그래서 돈 많은 친구 열 명에게 수익금을 나누는 조건으로 투자를 해 줄 수 있는지 물었다. 실패해도 투자금은 돌려주지 않기로 했다. 친구들은 벤처 펀드를 조성할 용의를 보이며 각자 1000유로씩 투자했다. 이렇게 1만 유로를 마련했지만 필요한 돈은 2만 유로다. 어떻게 해야 친구들에게서 더 많은 돈을 끌어낼 수 있을까?

☐ 직접 사업 아이디어를 설명하기 위해 개별 면담을 한다.
☐ 모든 친구를 집으로 초대해 저녁을 함께 먹고 사업 문제를 토론한다.

몇 달 뒤 드디어 회사가 문을 열었다. 그런데 한 레스토랑으로부터 좀 까다로운 일이 들어왔다. 이탈리아 마피아가 더는 찾아오지 못하게 확실히 끝내 달라는 요청이었다. 보복이 두려워진 당신은 이 일을 될 수 있는 한 피하고 싶다. 지분을 가진 친구들도 조심스럽긴 마찬가지지만 상당히 높은 수고비에 입맛을 다시는 친구가 없는 것은 아니다.
어떻게 해야 모두 그 일을 깨끗이 단념하게 할 수 있을까?

☐ 다시금 개별 면담을 통해 그 일의 위험성을 일일이 설명한다.
☐ 모두 집으로 초대해 저녁을 함께 먹고 이 문제를 토론한다.

집단 토론이라는 두 번째 방법이라면 시간을 절약할 수 있을 뿐만 아니라, 더 많은 투자금도 받아 낼 수 있다. 이른바 '모험 지향 효과'(Risky shift effect)에 따르면 그렇게 권고한다.

양자택일을 해야만 하는 어려운 상황에서 '딜레마 문제'를 풀도록 하는 실험이 있었다. 예를 들어 보자.

□ 한 30대 후반 여성에게는 은행이라는 아주 안정적인 일자리가 있다. 그러나 그는 사진 찍는 걸 너무나 좋아한다. 그리고 사진에 매우 뛰어난 재능을 자랑하기도 한다. 그러던 중 어떤 잡지사로부터 프리랜서로 일해 달라는 제안을 받았다. 그러자면 안정적인 일자리인 은행을 그만둬야만 한다. 당신이라면 어떻게 하겠는가?

□ 한 50대 중반 남자는 허리 통증이 너무 심한 나머지 하루하루 끔찍한 나날을 보낸다. 물리 치료를 받으며 여생을 보내거나 수술을 받거나 두 가지 길밖에 없다. 수술이 성공적으로 끝나면 더는 아프지 않겠지만 잘못될 경우 반신불수가 될 수 있다. 당신이라면 어떻게 하겠는가?

실험 참가자들은 0에서 100까지 중 위험한 길을 택할 확률이 어느 정도겠느냐는 질문을 받았다. 처음에 참가자는 각자 따로 답했다. 그런 다음 그룹을 이뤄 토론을 하고 마지막에 공동 결정을 내리게 했다.

결과는 뚜렷했다. 혼자서 결정했을 때보다 그룹으로 토론했을 때 위험 부담을 감수하려는 경향이 훨씬 강했다. 시간이 흘러 생각이 바뀌는 경우를 고려하여 그룹 토론 없이 다시 개별적으로 의견을 물었을 때도 참가자들은 종전의 결정을 고수했다.

이 실험을 처음으로 시도한 사람은 미국의 제임스 스토너였다. 1961년 심리학과 대학생이던 스토너는 석사 논문을 쓰기 위해 이 실험을 고안했다. 이 논문은 오늘날까지 발표조차 되지 않았는데도 대단히 유명해졌다. 물론 실험이 초기 수준에 머물기만 한 것은 아니다. 이후 이 '집단 극화 효과'(Group polarization effect)는 헤아릴 수 없이 많은 실험들로 확인되었다. 결국 제임스 스토너의 의견이 맞았다. 당시 그저 편안한 마음으로 논문을 발표했더라면 좋았을 것을!

물론 집단에서 인간이 언제나 위험을 키우는 쪽으로만 움직이지는 않는다는 사실도 나중에 밝혀졌다. 인간은 그룹을 이루면 저마다 자신의 태도를 더 강하게 밀어붙인다. 즉 처음에 모험 지향적이었다면, 그룹에서는 더욱 강해진 모험 지향성을 보여 준다. 반대로 처음에 신중한 태도를 취했던 사람은 그룹에서는 더 신중한 태도를 보인다. 이런 연구 결과에 따라 '모험 지향 효과'가 '집단 극화 효과'라고 바뀌어 불리게 되었다.

앞서 든 예로 볼 경우, 관련자들을 불러 모아 토론하고 함께 결정을 내리게 함으로써 마피아와의 분쟁은 피할 수 있다. 각자의 신중함이 집단을 이루어 더 강해지기 때문이다.

집단 속에서는 분명 경쟁 심리가 작용한다. 누가 가장 모험적인지 또는 누가 가장 신중한지 경쟁이 벌어진다. 그리고 논쟁을 벌이는 과정에서 서로를 자극함으로써 자신의 의견에 더욱 집착하는 모습도 드러난다.

일상생활에서 '집단 극화 효과'는 유감스럽게도 '집단 따돌림'이라는 부정적인 현상으로 나타나기도 한다. 처음에 사람들은 저마다 어떤 동료를 '그다지 좋아하지 않을' 수 있다. 그러나 이것이 집단의 문제가 되면 심각해진다. 집단에서 혐오감은 돌연 전혀 예상치 못했던 수준으로 격심해진다. 처음엔 가벼웠던 반감이 집단의 증오로 돌변한다. 인터넷에서 보는 '악성 댓글'도 이렇게 생겨난다. 뜬금없이 욕설이 난무하는 것 역시 '집단 극화 효과' 때문이다.

기분 좋은 쪽으로 '집단 극화 효과'를 일상에 응용할 사례가 없는 것은 아니다. 어떤 일을 본격적으로 추진하고 싶은데 관련자들이 미적지근한 반응을 보인다면 그룹 토론을 시키라. 반대로 어떤 새로운 결정이나 변화를 막으려면 그룹에 보수적인 사

람을 심어 놓으라. 그리고 그 보수적인 태도를 마음껏 뽐내게
분위기를 만들어 주자.

# 뭔가 찔리는 게 있으면
# 계속 손을 씻고 싶어진다?!

**• 맥베스 부인 효과 •**

당신은 공장에서 출고된 지 12개월을 넘기지 않은 매물을 구하기 위해 중고차 딜러를 찾아간다.

"정말 거의 운행하지 않은 겁니다." 딜러가 수다를 떤다. "전 주인도 개인적으로 잘 알아요."

"무사고 차량인가요?" 당신이 묻는다.

"아, 왜 그러세요?" 딜러는 '친근하게' 당신의 어깨를 툭 친다. 그 바람에 씹던 껌이 목구멍으로 넘어가는 줄 알았다. "제가 그런 걸로 장난치겠어요?"

두 사람은 함께 사무실로 들어가 계약서를 작성한다.

"이 가격에 팔면 전 남는 게 하나도 없어요." 딜러가 혼잣말처럼 중얼거린다. 불쌍해라! 당신은 눈가의 눈물을 훔친다.

작별 악수를 하고 돌아서는데 딜러가 세면대로 가서 손을 씻는 모습이 보인다. 이 상황을 대체 어떻게 이해해야 할까?

---

물론 여기에는 여러 가지 이유가 있을 수 있다. 아마도 딜러는 당신 손에 난 땀을 자기 손바닥에 묻히고 다니고 싶지 않았을 수 있다. 아니, 화장실에 갔을 때 손 씻는 걸 잊었던 것은 아닐까.

그러나 얼른 생각을 고쳐먹고 즉시 되돌아가 계약서를 찢는 게 나을 수 있다. 심리학은 손 씻는 행동에 아주 특별한 의미를 부여한다. 딜러는 당신을 상대로 사기를 쳤을 수도 있다.

이와 관련한 유명한 실험이 있다. 참가자에게 자신이 부도덕하게 행동한 상황, 예를 들어 거짓말을 했다거나 남을 터무니없이 비방한 상황을 기억해 보라고 했다. 비교 그룹은 이와는 반대로 특히 모범적으로 행동한 상황, 이를테면 눈먼 노파가 길을 건너는 것을 도와준 상황을 떠올려 보라고 했다. 모든 참가자는 무슨 일이 일어났으며 정확히 어떤 느낌이었는지 되도록 자세히 묘사해야 했다. 그런 다음 아래 단어의 공란을 채워 보라고 하면서 몇 가지 예시어도 제시했다. 다음은 당시 사용되었던 영어 설문지다.

W____H

SH___ER

S___P

공란을 채워 만들 수 있는 단어는 아주 많다. WISH(바라다), SHAVER(면도기), SOUP(수프)나 WITH(~와 함께), SHAKER(셰이커), STEP(걸음) 등등. 그러나 부도덕한 행위를 했던 상황을 떠올렸던 참가자는 홀리기라도 한 듯 WASH(씻다), SHOWER(샤워), SOAP(비누) 같은 단어를 써넣었다. 이런 단어들은 '선한 그룹'에 비해 '악한 그룹'에서 60퍼센트나 더 많이 등장했다.

돌아가는 길에 참가자는 감사 선물로 연필이나 물티슈 중 하나를 고를 수 있었다. 그러자 '악한 사람'은 '착한 사람'에 비해 두 배나 더 많이 물티슈를 받아 갔다.

또 다른 실험에서 참가자들은 젊은 변호사가 된 상상을 해 보라는 부탁을 받았다. 같은 법무 법인에 근무하는, 경쟁 상대 동료 변호사가 급히 어떤 서류를 찾는다. 참가자는 이 서류가 어디 있는지 안다. 같은 상황에서 첫 번째 그룹은 동료에게 전화를 걸어 "못 찾았어요!" 하고 말하거나 이메일을 보내는 상상을 했다. 반면 비교 그룹 참가자는 "제가 찾아서 당신 책상 위에 올려놓았어요." 하고 말하는 쪽이었다.

나중에 참가자들은 상품 목록을 받아 들고 어떤 물품을 원하는지 1점(전혀 필요 없음)에서 7점(꼭 필요함)까지 평점을 매겼다. 목록에는 메모지, 과일 주스, 건전지, 초콜릿 같은 것 사이사이로 은근히 샤워 젤, 구강 청결제, 손 소독제, 욕실 청소 제품 따위가 끼여 있었다.

이미 짐작하고도 남으리라. 양심에 걸리는 상황을 상상한 사람은 양심적인 상상을 한 참가자에 비해 씻고 닦는 용품에 더욱 강력하게 끌렸다.

이것이 끝이 아니다. '전화'를 건 상상을 한 참가자는 '구강 청결제'를, 이메일을 쓴 사람은 '손 소독제'를 택한 것이다.

분명 우리는 뭔가 부도덕한 일을 했을 때 씻기를, 특히 그 일을 거든 신체 부위를 씻어 내기를 원하는 것이 틀림없다.

이런 심리는 '맥베스 부인 효과'(Lady Macbeth effect)라고 불리며 유명해졌다. 셰익스피어의 희곡 〈맥베스〉에서 이 섬세한 여인은 남편과 함께 살인을 저지르고 단검을 치운 뒤에 손을 씻으려는 강박을 떨치지 못한다.

이런 심리는 방금 내린 결정을 두고 정말 그랬어야만 했는지 고민하는 사람에게서도 나타난다. 그런 상황에서 보통 우리는 일단 내린 결정을 어떻게든 '합리화'하려 한다. 그런데 그냥 손을 씻었을 뿐인데도 그런 불편한 감정이 깨끗이 사라진다. 구태여 변명하느라 안간힘을 쓰지 않아도 된다. 우리 뇌는 손을 씻음으로써 자신의 잘못된 결정을 의식으로부터 떼어 낸다.

　상대방이 당신을 정당하게 대하는지 아니면 사기를 치는지 알고 싶다면 이런 태도를 주목하라. 물론 근처에 항상 세면대가 있는 건 아니지만 말이다.

# 남자는 폭력에, 여자는 소문에
# 더 예민하게 반응한다

매일 아침 똑같은 일이 반복된다. 동료 하나가 늘 내 자리에 차를 댄다! 어떻게 해야 이 인간의 버릇을 고쳐 줄 수 있을까?

☐ 투명 비닐에 막 잘라 낸 닭발을 넣어 와이퍼에 걸어 놓는다.

☐ 1970년대 포르노 영화 스틸 컷을 투명 비닐에 넣은 후 와이퍼 뒤로 붙여 놓는다. 사진 속 배우는 그 동료와 놀라울 정도로 닮았다.

두 '경고'는 확실히 자극적이다. '자꾸 그러면 손가락을 분질러 놓겠다.' '자꾸 그러면 옛날에 더러운 영화로 돈을 벌었다고 폭로하겠다.' 어느 쪽이든 대단히 공격적이다. 거의 다른 방식이긴 하지만.

참가자로 하여금 파티 중 어떤 손님에게 도발당해 잔뜩 화가 난 상황을 떠올리게 하는 실험이 있었다. 그리고 어떻게 복수할지 1점에서 10점까지 평가하도록 해 보았다.

□ 복부에 시원하게 한 방 먹인다.
□ 파티 참석자 사이를 돌아다니며 그 사람이 얼마나 게으르고 이기적인지, 또 거짓말을 밥 먹듯 하는지 말해 준다.
□ 그 사람 면전에 대고 "오늘 날씨가 참 좋아, 안 그래?" 하고 말한다.

그 결과 남자는 여자에 비해 복부에 주먹을 날리는 방법을 훨씬 선호했다. 반대로 여자는 그 사람의 소소한 단점을 떠들고 싶어 입이 근질거리는 걸 참지 못했다.

남자는 몸을 공격하기를 좋아하는 반면 여자는 명예를 공격 대상으로 삼는 경우가 많다.

이런 차이를 낳는 원인은 아무래도 진화 과정에 있을 것으로 추정된다. 남자는 사냥을 나갔으며 동물과 적에 맞서 싸웠다. 남자의 강점은 강한 몸이다. 여자는 남자가 좋은 짝인지 알고 싶으면 그저 신체 상태와 사냥에서 어떻게 '때려눕히는지'를 살펴보기만 하면 되었다. 여자의 마음을 사로잡고 싶은 남자는 특히 큰 공룡이나 어깨가 넓은 상대를 해치워야 했다.

반대로 여자는 아기를 키워야 했다. 그러니까 모성 본능은 남자가 여자를 고르는 기준이었다. 아이를 키우는 일에 주먹이 필요하지는 않았다. 한편 여자가 임신은 잘 하는지, 가족은 세심하게 돌보는지 하는 문제는 첫눈에 알아볼 수 없다. 그래서 남자는 여자를 둘러싼 세간의 이야기에 의존했다. 곧 그 여자의 정보를! 여자가 남자의 마음을 사로잡는 가장 좋은 방법은 자신에게는 좋은 소문이, 경쟁 상대에게는 나쁜 소문이 돌게 하는 것이었다. 이를테면 "저 여자는 가죽 앞치마 하나 제대로 꿰매지 못해!" 하는 소문은 석기 시대에 경쟁 상대를 해치우는 좋은 무기였다. 이렇게 해서 남자는 주먹을, 여자는 정보를 활용하는 법을 배우고 익혔다.

그러나 남자는 또한 주먹을 두려워하는 법도 배워야 했다. 마찬가지로 여자는 정보를 두려워하는 법도 익혀야 했다. 남자는 실제로 몰매를 가장 두려워했다. 여자는 자신의 악평이 세상에 퍼지는 것을 가장 무서워했다.

이제 우리 예로 돌아가 보자. 닭발이나 포르노 가운데 어떤 게 더 좋을지는 당신 자리를 차지한 상대의 성별에 따라 달라진다. 그쪽이 당신과 같은 성별이라면 침착하게 석기 시대 사고방식에 머무르자. 다른 성별이라면 아무래도 바꿔 생각해야 한다. 당신이 남자라면 여자 동료에게는 소문으로, 여자라면 남자 동료에게는 몰매로 위협하는 게 더욱 효과적이다.

# 다양한 심리 효과를 알면
# 인생이 편안해진다

### • 호손 효과 •

이 책에서 마음에 들지 않는 것이 있다면 당신은 어떻게 하겠는가?

---

방법은 아주 많다. 우리에게 분노의 이메일을 써 보라. 마음에서 우러나는 대로 써도 좋고 이 책에서 읽은 걸 활용해도 괜찮다. 이를테면 "이런 말도 안 되는 소리는 처음 들어, 이 멍청이들아!" 또는 "당신들 같은 돌팔이 심리학자는 정신 병원이나 가야 해!"도 환영이다.

물론 반대의 경우에도 분노의 이메일을 쓸 수 있다. 그러니까

이 책의 정보가 당신의 경험과 정확히 일치할 때! "다 아는 얘기네. 뭐야, 새로운 건 아무것도 없잖아!"

어떤 경우든 분노의 이메일은 대환영이다.

또 다른 방법은 당신이 직접 반대 증명을 이끌어 낼 실험을 해 보는 것이다! 의심이 되는 표본을 충분히 많이 혹은 충분히 정확하게 뽑아낼 수 있다면, 당신은 이 책에 소개된 심리 현상을 언제라도 반박할 수 있다. 크든 작든 논란의 여지가 전혀 없는 실험이란 없다는 말은 옳다. 여러분 앞에 이 많은 연구 결과를 소개했는데 이제 와서 반론을 피하고 싶은 생각은 조금도 없다.

각 실험의 약점을 찾아보는 것도 좋은 방법이다. 심리학은 이런 방법을 '내적 타당도'(Internal validity) 검증이라 부른다. '내적 타당도'란 각 실험에서 관찰된 효과가 제시된 원인과 실제로 맞아떨어지는지 살펴보는 것을 뜻한다. '내적 타당도'가 의심되는 경우 우리는 이른바 '혼재 변수'(Confounding variable)를 찾아야만 한다. 연구 결과를 달리 설명할 방법을 찾아보는 것이다. 그런데 원칙적으로 이런 통계적 접근 방법은 수영복과 같다. 본래 중요한 문제는 가려 놓는 것이 통계이기 때문이다.

예를 들어 '사회적 태만'을 다룬 실험을 보자. 이 실험에서는 팀이 오히려 개인의 동기를 저해한다는 것을 입증하려 했다. 참가자는 실제로 그룹을 이루었을 때보다 혼자서 밧줄을 더 잘 잡아당겼다. 그런데 어쩌면 그 원인이 참가자의 동기가 아니라 그룹에서 협력이 잘 이루어지지 않았기 때문 아닐까? 그럼 여기서 '혼재 변수'를 제거해 보자. 참가자의 눈을 가린 다음 다 함께 줄을 당기고 있다고 '이야기'해 주기만 하면 '혼재 변수'를 속아 준 셈이다. 그러나 결과는 언제나 혼자일 때 더 잘 잡아당기는 것으로 나왔다. 팀이라는 말에 잡아당기는 힘은 떨어졌다.

또는 '외적 타당도'(External validity)에 기대 보는 방법도 있다. '외적 타당도'는 실험실과 연구소라는 인위적인 환경을 벗어나 실험 결과를 실제 삶에 고스란히 적용해 보고 얼마나 맞는지 확인하는 것을 말한다.

예를 들어 바퀴벌레 실험을 기억하는가? 바퀴벌레 경기장을 만들고 관중석에 바퀴벌레 관중을 모신 다음 '누군가' 지켜볼 때 더 빨리 달리는지 여부를 알아본 실험 말이다. '실외 쓰레기 더미에서도 바퀴벌레가 똑같은 반응을 보일까?'는 충분히 제기될 법한 정당한 질문이다. '인간도 바퀴벌레와 똑같이 반응할까?' 하는 의문은 더 말할 나위도 없다. 그래서 나중에 인간을 대상으로 똑같은 실험을 고스란히 되풀이하기도 했다. 이런 것을 '재현성'(Replication) 확인이라고 한다. 즉 반복된 실험에서 똑같은 결과가 재현되는 빈도가 높아질 때, 그 실험의 '외적 타당도'는 그만큼 더 높아진다.

지금껏 언급한 모든 방법에는 '호손 효과'(Hawthorne effect)가 도움이 된다. 1920년대 시카고 '웨스턴 일렉트릭 회사'의 '호손' 공장에서 어떻게 하면 직원에게 더 좋은 동기를 심어 줄 수 있을까 연구하며 입증된 효과다. 그러니까 사람이 아니라 공장에서 따온 이름이다. 오늘날 우리가 여전히 찾고 있는, 동기 부여의 기적적인 묘약을 찾으려는 연구였다.

일터 조명을 더욱 밝게 하여 직원이 더 열심히 일하는지 관찰하는 것이 주된 실험 내용이었다.(이런 발상을 한 것으로 미루어 당시 고용주는 분명 오늘날의 고용주보다 한발 앞섰던 것이 분명하다.) 그리고 실제로 더 밝은 곳에서 일하는 직원들의 업무 효율이 돌연 높아졌다. 그런데 재미있는 사실은 예전처럼 흐릿한 조명 아래서 일한 비교 그룹의 직원들 역시 더 열심히 일했다는 점이다.

즉 조명이 바뀐 것만으로는 설명이 되지 않는 현상이다. 오히려 '모두가' 더 열심히 일한 이유는 실험을 한다는 사실을 직원들에게 말해 주었기 때문이다. 공장에서 '연구'를 했으니 '내적 타당도'는 따질 수 없다. 또한 오늘날까지 호손 효과는 어떤 실험에서든 '내적 타당도'가 빠르게 무너질 수 있는 나쁜 사례로 간주되고 있다. 자신이 실험 대상이라는 사실을 알면 인간은 근본적으로 다르게 행동한다!

바로 이런 이유로 이른바 '커버 스토리'(Cover story)라는 방법이 고안되었다. 주간지 표지 장식 기사를 말하는 것이 아니다. 터무니없이 지어낸 새빨간 거짓말도 '커버 스토리'다.

분명 당신도 이미 눈치챘겠지만 실험 참가자에게 진실과는 '전혀 다른' 이야기를 들려주는 실험이 이 책에도 자주 등장했다. 정확히 무엇을 알아내려는 실험인지 어떤 대가를 치르고서라도 숨기려는 것이 '커버 스토리'다. 실험 사실을 알릴 수밖에 없는 경우, 마치 전혀 다른 내용을 다루는 것처럼 꾸며 본래 목적을 숨긴다. 그 좋은 예가 시력 테스트를 한다고 하면서 실제로는 선입견을 테스트했던 실험이다. 이러면 적어도 참가자들은 원래 실험 목적과 관련해서는 평소와 똑같이 행동한다.

이것이 바로 이 책에 실린 실험들에 담긴 배경이다. 허락된 지면이 부족한 관계로 더 많은 이야기를 들려줄 수 없어 유감이다. 그러나 일상생활에 적용할 교훈이 무엇인지 살펴보지 않고 마지막 장을 끝낼 수는 없다. 과연 실험의 본래 목적을 숨겨야만 하는 '호손 효과'는 일상에 어떻게 적용될 수 있을까?

물론 여러 가지 가능성이 있다.

1. 만약 친구나 동료와 함께 직접 어떤 실험을 해 볼 생각이라면 그럴듯한 '커버 스토리'를 지어내라.
2. 어떤 연구 결과가 의심스럽다면 그 연구는 내적으로도 외적으

로도 타당하지 않다고 항변하라. 학문을 하는 사람들만 연구를 하는 것은 아니다. 기업체 사장들은 흔히 이런저런 것을 '연구' 하고 무엇인가 '발견'했다고 주장한다. 대개 외부 컨설팅 업체에 맡겨 놓고는 자신이 '연구'했다고 포장한다. 아무튼 이런 식으로 당신을 더 쥐어짜려 할 것이 틀림없다. 그렇다면 이제 당신은 말이 되지 않는 연구 결과에 대항해 진지하게 당신의 권리를 지킬 무기를 얻은 셈이다. 물론 큰 도움을 보장할 수는 없지만, 이런 연구 결과는 안팎 어디에서도 타당성을 찾아볼 수 없는 '호손 효과'라고 말해 주자.

3. '호손 효과'는 물론 긍정적으로도 활용할 수 있다. 당시 실험 결과는 사람들을 더 열심히 일하게 만들 방안으로 여겨지기도 했다. 그렇다면 당신 부서에서 어떤 '연구'나 '감사'가 진행된다고 하거나 오늘날 흔히들 내세우는 다른 구실을 찾아 동료들을 자극하자. 그러면 업무 의욕이 하늘 높은 줄 모르고 올라간다. 집에서 배우자나 아이가 속을 썩이거든 방송국에서 우리 가족의 일상을 촬영하기 위해 집 안에 카메라를 설치하기로 했다고 말해 보자.


앞으로 더 나은 인생을 위해 심리학을 활용하는 일은 모두 당신에게 달려 있다. 부디 행운을 빈다.

~~~~~
## 참고 문헌
~~~~~

## 제1부 영원히 고민하는 대신 가볍게 도전하는 삶을 사는 법

### 부작위 편향

Spranca, M., Minsk, E., Baron, J. (1991): *Omission and Commission in Judgment and Choice.* Journal of Experimental Social Psychology, 27, 76-105.

Hitov, I., Baron, J. (1990): *Reluctance to Vaccinate: Omission Bias and Ambiguity.* Journal of Behavioral Decision Making, 3, 263-277.

Asch, D. A., Baron, J., Hershey, J. C., Kunreuther, H., Meszaros, J. R., Ritov, I., Spranca, M. (1994): *Omission Bias and Pertussis Vaccination.* Medical Decision Making, 14, 118-124.

Strafgesetzbuch, § 13

### 반(反)사실적 사고

Gilovich, T., Medvec, H. (1994): *The Temporal Pattern to the Experience of Regret.* Journal of Personality and Social Psychology, 67, 357-365.

Roese, N. (1997): *Counterfactual Thinking.* Psychological Bulletin, 121, 133-148.

Roese, N. J., Hur, T., Pennington, G. L. (1999): *Counterfactual Thinking and Regulatory Focus: Implications for Action Versus Inaction and Suffi ciency Versus Necessity.* Journal of Personality and Social Psychology, 77, 1109-1120.

Milesi, P., Catellani, P. (2011): *The Day After an Electoral Defeat: Counterfactuals and Collective Action.* British Journal of Social Psychology, 50, 690-706.

### 학습된 무기력

Seligman, M. E. P., Maier, S. F. (1967): *Failure to Escape Traumatic Shock.* Journal of Experimental Psychology, 74, 1-9.

Seligman, M. E. P. (1979): *Erlernte Hilflosigkeit.* München, Wien, Baltimore: Urban und Schwarzenberg.

Hiroto, D. S., Seligman, M. E. P. (1975): *Generality of Learned Helplessness in Man.* Journal of

Personality and Social Psychology, 31, 311-327.

Kitz, V., Tusch, M. (2009); *Ohne Chef ist auch keine Lösung. Wie Sie endlich mit ihm klarkommen.* Frankfurt/New York: Campus.

## 사후 과잉 확신 편향

Fischhoff, B. (1975): *Hindsight ≠ Foresight: Effect of Outcome Knowledge on Judgment Under Uncertainty.* Journal of Experimental Psychology: Human Perception and Performance, 1, 288-299.

Blank, H., Fischer, V., Erdfelder, E. (2003): *Hindsight Bias in Political Elections.* Memory, 11, 491-504.

Pohl, R., F., Hell, W. (1996): *No Reduction in Hindsight Bias After Complete Information and Repeated Testing.* Organizational Behaviour and Human Decision Processes, 67, 49-58.

## 자기 성찰

Wilson, T. D., Bybee, J. A., Dunn, D. S., Hyman, D. B., Rotondo, J. A. (1984): *Effects of Analyzing Reasons on Attitude-Behavior Consistency.* Journal of Personality and Social Psychology, 47, 5-16.

Wilson, T. D., Dunn, D. S. (1986): *Effects of Introspection on Attitude-Behavior Consistency: Analyzing Reasons Versus Focusing on Feelings.* Journal of Experimental Social Psychology, 22, 249-263.

Wilson, T. D., Dunn, D. S., Kraft, D., Lisle, D. J. (1989): *Introspection, Attitude Change, and Attitude-Behavior Consistency: The Disruptive Effects of Explaining why We Feel the Way We Do.* In Berkowitz, L. (Hrsg.), Advances in Experimental Social Psychology, Band 19, 123-205.

Sengupta, J., Fitzsimons, G. J. (2004): *The Effect of Analyzing Reasons on the Stability of Brand Attitudes: A Reconciliation of Opposing Predictions.* Journal of Consumer Research, 31, 705-711.

## 과잉 선택권

Schwartz, B. (2004): *Paradox of Choice.* New York: Harper Perennial.

Iyengar, S. S., Lepper, M. (2000): *When Choice is Demotivating: Can One Desire Too Much of a Good Thing?* Journal of Personality and Social Psychology, 79, 995-1006.

## 감각 추구

Zuckerman, M., Bone, R. N., Neary, R., Mangelsdorff, D., Brustman, B. (1972): *What Is The Sensation Seeker? Personality Trait and Experience Correlates of the Sensation-Seeking Scales.* Journal of Consulting and Clinical Psychology, 39, 308-321.

Roberti, J. W. (2004): *A Review of Behavioral and Biological Correlates of Sensation Seeking.* Journal of Research in Personality, 38, 256-279.

Zuckerman, M. (2007): *The Sensation Seeking Scale V (SSS-V): Still Reliable and Valid.* Personality and Individual Differences, 43, 1303-1305.

Kitz, V., Tusch, M. (2011): *Ich will so werden, wie ich bin. Für Selberleber.* Frankfurt/New York: Campus.

Sensation-Seeking Scale, Test unter www.bbc.co.uk/science/humanbody/mind/surveys/sensation.

### 공정한 세상의 오류

Lerner, M. J. (1980): *The Belief in a Just World: A Fundamental Delusion.* New York: Plenum.

Piaget, J. (1954, urspr. 1932): *Das moralische Urteil beim Kinde.* Zürich: Rascher.

Dyer, W. W. (1980): *Der wunde Punkt. Die Kunst, nicht unglücklich zu sein.* Reinbek: Rowohlt (Zitat: S. 184).

Kitz, V., Tusch. M. (2008): *Das Frustjobkillerbuch. Warum es egal ist, für wen Sie arbeiten.* Frankfurt/New York: Campus, S. 101 ff.

### 차이 식별 편향

Hsee, C. K., Zhang, J. (2004): *Distinction Bias: Misprediction and Mischoice due to Joint Evaluation.* Journal of Personality and Social Psychology, 86, 680-695.

Hsee, C. K. (1996): *The Evaluability Hypothesis: An Explanation for Preference Reversals Between Joint and Separate Evaluations of Alternatives.* Organizational Behavior and Human Decision Processes, 67, 247-257.

Hsee, C. K., Leclerc, F. (1998): *Will Products Look More Attractive When Presented Separately or Together?* The Journal of Consumer Research, 25, 175-186.

### 사고 억제의 역설적 효과

Wegner, D. M., Schneider, D. J., Carter, S. R., White, T. L. (1987): *Paradoxical Effects of Thoughts Suppression.* Journal of Personality and Social Psychology, 53, 5-13.

Wegner, D. M., Ansfi eld, M., Pilloff, D. (1998): *The Putt and the Pendulum: Ironic Effects of the Mental Control of Action.* Psychological Science, 9, 196-199.

Erskine, J. A. K., Georgiou, G., Kvavilashvili, L. (2010): *I Suppress Therefore I Smoke: The Effects of Thought Suppression on Smoking Behaviour.* Psychological Science, 21, 1225-1230.

Erskine, J. A. K. (2008): *Resistance Can Be Futile: Investigating Behavioural Rebound.* Appetite, 50, 415-421.

Wenzlaff, R. M., Wegner, D. M., Roper, D. W. (1988): *Depression and Mental Control: The Resurgence of Unwanted Negative Thoughts.* Journal of Personality and Social Psychology, 55, 882-892.

Ansfi eld, M. E., Wegner, D. M., Bowser, R. (1996): *Ironic Effects of Sleep Urgency.* Behaviour Research and Therapy, 34, 523-531.

Wegner, D. M. (1994): *Ironic Processes of Mental Control.* Psychological Review, 101, 34-52.

## 진술 편향

Pandelaere, M., Dewitte, S. (2006): *Is this a Question? Not for Long: The Statement Bias.* Journal of Experimental Psychology, 42, 525-531.

Townsend, D., Bever, T. (2001): *Sentence Comprehension: The Integration of Habits and Rules.* Cambridge: MIT Press.

Gilbert, D. T., Krull, D. S., Malone, P. S. (1990): *Unbelieving the Unbelievable: Some Problems in the Rejection of False Information.* Journal of Personality and Social Psychology, 59, 601-613.

## 생성 효과와 자기 참조 효과

De Winstanley, P. A., Bjork, E. L. (2004): *Processing Strategies and the Generation Effect: Implications for Making a Better Reader.* Memory & Cognition, 32, 945-955.

Lutz, J., Briggs, A., Cain, K. (2003): *An Examination of the Value of the Generation Effect for Learning New Material.* The Journal of General Psychology, 130, 171-188.

Rogers, T. B., Kuiper, N. A., Kirker, W. S. (1977): *Self-Reference and the Encoding of Personal Information.* Journal of Personality and Social Psychology, 35, 677-678.

Kesebir S., Oishi S. (2010): *A Spontaneous Self-Reference Effect in Memory: Why Some Birthdays are Harder to Remember Than Others.* Psychological Science, 21, 1525-1531.

## 제로 리스크 편향

Baron, J., Gowda, R., Kunreuther, H. (1993): *Attitudes Towards Managing Hazardous Waste: What Should be Cleaned Up and Who Should Pay For It?* Risk Analysis 13, 183-192.

Viscusi, W. K., Magat, W. A., Huber, J. (1987): *An Investigation of the Rationality of Consumer Valuation of Multiple Health Risks.* Rand Journal of Economics, 18, 465-479.

## 위험 보상

Aschenbrenner, M., Biehl, B. (1994): *Improved Safety Through Improved Technical Measures? Empirical Studies Regarding Risk Compensation Processes in Relation to Anti-Lock Braking Systems.* ☆ In Trimpop, R. M., Wilde, G. J. S. (Hrsg.), Challenges to Accident Prevention: The Issue of Risk Compensation Behaviour. Groningen: Styx Publications.

Walker, I. (2007): *Drivers Overtaking Bicyclists: Objective Data on the Effects of Riding Position, Helmet Use, Vehicle Type and Apparent Gender.* Accident Analysis and Prevention, 39, 417-425.

Houston, D. J., Richardson, L. E. (2007): *Risk Compensation or Risk Reduction? Seatbelts, State Laws, and Traffic Fatalities.* Social Science Quarterly, 88, 913-936.

Kitz, V. (2012): Die 365-Tage-Freiheit. Ihr Leben ist wertvoll, um es mit Arbeit zu verbringen.

München: Ariston, S. 68 ff.

# 제2부 돈, 일, 인간관계에서 원하는 것을 얻기 위한 마음의 요령들

## 감정의 두 가지 요소 이론

Schachter, S., Singer, J. E. (1962): *Cognitive, Social, and Physiological Determinants of Emotional States*. Psychology Review, 69, 379-399.

Dutton, D. G., Aron, A. P. (1974): *Some Evidence for Heightened Sexual Attraction Under Conditions of High Anxiety*. Journal of Personality and Social Psychology, 30, 510-517.

Meston, C. M., Frohlich, P. F. (2003): *Love at First Fright: Partner Salience Moderates Roller-Coaster-Induced Excitation Transfer*. Archives of Sexual Behavior, 32, 537-544.

North, A. C., Tarrant, M., Hargreaves, J. (2004): *The Effects of Music on Helping Behavior*. Environment and Behavior, 36, 266-275.

Sinclair, R. C., Hoffman, C., Mark, M. M., Martin, L. L., Pickering, T. L. (1994): *Construct Accessibility and the Misattribution of Arousal: Schachter and Singer Revisited*. Psychological Science, 5, 15-19.

## 밸린스 효과

Valins, S. (1966): *Cognitive Effects of False Heart Rate Feedback*. Journal of Personality and Social Psychology, 4, 400-408.

Stern, R. M., Botto, R. W., Herrick, C. D. (1972): *Behavioral and Physiological Effects of False Heart Rate Feedback: A Replication and Extension*. Psychophysiology, 9, 21-29.

## 태도 변화

Ajzen, I. (2001): *Nature and Operation of Attitudes*. Annual Review of Psychology, 52, 27-58.

Olson, J. M., Vernon, P. A., Harris, J. A. (2001): *The Heritability of Attitudes: A Study of Twins*. Journal of Personality and Social Psychology, 80, 845-860.

Shavitt, S. (1990): *The Role of Attitude Objects in Attitude Functions*. Journal of Experimental Social Psychology, 26, 124-148.

Fabrigar, L. R., Petty, R. E. (1999): *The Role of the Affective and Cognitive Bases of Attitudes in Susceptibility to Affectively and Cognitively Based Persuasion*. Personality and Social Psychology Bulletin, 25, 363-381.

## 사회성 튜닝

Hardin, C., Higgins, E. T. (1996): *Shared Reality: How Social Verification Makes the Subjective*

*Objective.* In R. M. Sorrentino, E. T. Higgins (Hrsg.), Handbook of Motivation and Cognition, Band 3: The Interpersonal Context, 28-84.

Sinclair, S., Huntsinger, J., Skorinko, J., Hardin, C. (2005): *Social Tuning of the Self. Consequences for the Self-Evaluations of Stereotype Targets.* Journal of Personality and Social Psychology, 89, 160-175.

Jones, E. E. (1964): *Ingratiation: A Social Psychological Analysis.* New York: Appleton-Century-Croft.

Seiter, J. S. (2007): *Ingratiation and Gratuity: The Effect of Complimenting Customers on Tipping Behavior in Restaurants.* Journal of Applied Social Psychology, 37, 478-485.

Kitz, V. (2013): *Du machst, was ich will! Wie Sie bekommen, was Sie wollen-ein Ex-Lobbyist verrät die besten Tricks.* München: Ariston.

## 죽음이 생명보다 강하다 효과

Chou, E. Y., Murnighan, J. K. (2013): *Life or Death Decisions: Framing the Call for Help.* PLoS ONE 8(3): e57351. doi:10.1371/journal.pone.0057351.

Lee, J. A., Murnighan, J. K. (2001): *The Empathy-Prospect Model and the Choice to Help.* Journal of Applied Social Psychololgy, 31, 816-839.

Levin, I. P., Schneider, S. L., Gaeth, G. J. (1998): *All Frames Are Not Created Equal: A Typology and Critical Analysis of Framing Effects.* Organizational Behavior and Human Decision Processes, 76, 149-188.

Dreben, E. K., Fiske, S. T., Hastie, R. (1979): *The Independence of Evaluative and Item Information: Impression and Recall Order Effects in Behavior-Based Impression Formation.* Journal of Personality and Social Psychololgy, 37, 1758-1768.

## 면전에서 문 닫기 효과

Cialdini, R. B., Vincent, J. E., Lewis, S. K., Catalan, J., Wheeler, D., Darby, B. L. (1975): *Reciprocal Concessions Procedure for Inducing Compliance: The Door-in-the-Face Technique.* Journal of Personality and Social Psychology, 31, 206-215.

Dolinski, D. (2011): *A Rock or a Hard Place: The Foot-in-the-Face Technique for Inducing Compliance Without Pressure.* Journal of Applied Social Psychology, 41, 1514-1537.

Regan, R. T. (1971): *Effects of Favor and Liking on Compliance.* Journal of Experimental Social Psychology, 7, 627-639.

Ebster, C., Neumayr, B. (2008): *Applying the Door-in-the-Face* Compliance Technique to *Retailing.* The International Review of Retail, Distribution and Consumer Research, 18, 121-128.

## 벤저민 프랭클린 효과

Franklin, B. (1868/1900): *The Autobiography of Benjamin Franklin* (Hrsg. J. Bigelow). Philadelphia:

Lippincott.

Jecker, J., Landy, D. (1969): *Liking a Person as a Function of Doing Him a Favor.* Human Relations, 22, 371-378.

Freedman, J. L., Fraser, S. C. (1966): *Compliance Without Pressure: The Foot-in-the-Door Technique.* Journal of Personality and Social Psychology, 4, 195-202.

## 투자 모델

Rusbult, C. E. (1983): *A Longitudinal Test of the Investment Model: The Development (and Deterioration) of Satisfaction and Commitment in Heterosexual Involvements.* Journal of Personality and Social Psychology, 45, 101-117.

Agnew, C. R., Martz, J. M., Rusbult, C. E. (1998): *The Investment Model Scale: Measuring Commitment Level, Satisfaction Level, Quality of Alternatives, and Investment Size.* Journal of Personal Relationships, 5, 357-391.

Kurde, L. A. (1992): *Relationship Stability and Relationship Satisfaction in Cohabitating Gay and Lesbian Couples: A Prospective Longitudinal Test of the Contextual and Interdependence Models.* Journal of Social and Personal Relationships, 9, 125-142.

## 관찰 학습

Bandura, A., Ross, D., Ross, S. A. (1961): *Transmission of Aggression Through the Imitation of Aggressive Models.* Journal of Abnormal and Social Psychology, 63, 575-582.

Bandura, A. (1965): *Influence of Models' Reinforcement Contingencies on the Acquisition of Imitative Responses.* Journal of Personality and Social Psychology, 1, 589-595.

Bandura, A. (1976): *Lernen am Modell.* Stuttgart: Klett.

Thorndike, E. L. (1901): *Animal Intelligence: An Experimental Study of the Associative Processes in Animals.* Psychological Review Monograph Supplement, 2, 1-109.

Pavlov, I. P. (1927): *Conditioned Refl exes: An Investigation of the Physiological Activity of the Cerebral Cortex.* London: Oxford University Press.

## 강요된 순종 이론

Festinger, L. E., Carlsmith, J. M. (1959): *Cognitive Consequences of Forced Compliance.* Journal of Abnormal and Social Psychology, 58, 203-210.

Nel, E., Helmreich, R., Aronson, E. (1969): *Opinion Change in the Advocate as a Function of the Persuasibility of His Audience: A Clarifi cation of the Meaning of Dissonance.* Journal of Personality and Social Psychology, 12, 117-124.

Harmon-Jones, E., Brehm, J. W., Greenberg, J., Simon, L., Nelson, D. E. (1996): *Evidence that the Production of Aversive Consequences is Not Necessary to Create Cognitive Dissonance.* Journal of

Personality and Social Psychology, 70, 5-16.

## 플라세보 정보

Langer, E. J., Blank, A., Chanowitz, B. (1978): *The Mindlessness of Ostensibly Thoughtful Action: The Role of* ≪*Placebic*≪ *Information in Interpersonal Interaction.* Journal of Personality and Social Psychology, 36, 635-642.

## 폭스 박사 효과

Naftulin, D. H., Ware, Jr., J. E., Donnelly, F. A. (1973): *The Doctor Fox Lecture: A Paradigm of Educational Seduction.* Journal of Medical Education, 48, 630-635.

## 선물 주는 사람의 역설

Weaver, K., Garcia, S. M., Schwarz, N. (2012): *The Presenter's Paradox.* Journal of Consumer Research, 39, 445-460.

Monga, A. B., John, D. R. (2007): *Cultural Differences in Brand Extension Evaluation: The Influence of Analytic Versus Holistic Thinking.* Journal of Consumer Research, 33, 529-536.

Abeler, J., Calaki, J., Andree, K., Basek, C. (2010): *The Power of Apology.* Economics Letters, 107, 233-235.

## 태도 면역 효과

Bernard, M. M., Maio, G. R., Olson, J. M. (2003): *The Vulnerability of Values to Attack: Inoculation of Values and Value-Relevant Attitudes.* Personality and Social Psychology Bulletin, 29, 63-75.

McGuire, W. (1964): *Inducing Resistance to Persuasion: Some Contemporary Approaches.* In L. Berkowitz (Hrsg.), Advances in Experimental Social Psychology, Band 1, 191-229. New York: Academic Press.

## 명령 규범과 서술 규범

Nelissen, R. M. A., Mulder, L. B. (2013): *What Makes a Sanction* ≪*Stick*≪*? The Effects of Financial and Social Sanctions on Norm Compliance.* Social Influence, 8, 70-80.

Cialdini, R. B., Reno, R. R., Kallgren, C. A. (1990): *A Focus Theory of Normative Conduct: Recycling the Concept of Norms to Reduce Littering in Public Places.* Journal of Personality and Social Psychology, 58, 1015-1026.

Reno, R. R., Cialdini, R. B., Kallgren, C. A. (1993): *The Transsituational Influence of Social Norms.* Journal of Personality and Social Psychology, 64, 104-112.

# 제3부 마음의 작동 원리를 알고 나면 인생이라는 파도타기가 즐거워진다

### 이름 철자 효과

Nuttin, J. M. (1985): *Narcissism Beyond Gestalt and Awareness: The Name Letter Effect.* European Journal of Social Psychology, 15, 353-361.

Nuttin, J. M. (1987): *Affective Consequences of Mere Ownership: The Name Letter Effect in Twelve European Languages.* European Journal of Social Psychology, 17, 381-402.

Pelham, B. W., Mirenberg, M. C., Jones, J. T. (2002): *Why Susie Sells Seashells by the Seashore: Implicit Egotism and Major Life Decisions.* Journal of Personality and Social Psychology, 82, 469-487.

Simonsohn, U. (2011): *Spurious? Name Similarity Effects (Implicit Egotism) in Marriage, Job, and Moving Decisions.* Journal of Personality and Social Psychology, 101, 1-24.

### 운율에 따른 이성적 설득 효과

McGlone, M. S., Tofighbakhsh, J. (2000): *Birds of a Feather Flock Conjointly (?): Rhyme as Reason in Aphorisms.* Psychological Science, 11, 424-428.

McGlone, M. S., Tofighbakhsh, J. (1999): *The Keats Heuristic: Rhyme as Reason in Aphorism Interpretation.* Poetics, 26, 235-244.

Steputat, W. (2009): *Reimlexikon.* Stuttgart: Reclam.

### 자기 지각 이론

Bem, D. J. (1972): *Self-Perception Theory.* In L. Berkowitz (Hrsg.), *Advances in Experimental Social Psychology*, Band 6, 1-62. New York: Academic Press.

Chaiken, S., Baldwin, M. W. (1981): *Affective-Cognitive Consistency and the Effect of Salient Behavioral Information on the Self-Perception of Attitudes.* Journal of Personality and Social Psychology, 41, 1-12.

Kunda, Z., Fong, G. T., Sanitioso, R., Reber, E. (1993): *Directional Questions Direct Self-Conceptions.* Journal of Experimental Social Psychology, 29, 63-86.

Czikszentmihalyi, M., Figurski, T. J. (1982): *Self-Awareness and Aversive Experience in Everyday Life.* Journal of Personality, 50, 15-28.

### 허위 독특성 효과와 허위 합의 효과

Kulig, J. W. (2013): *What's in a Name? Our False Uniqueness!* British Journal of Social Psychology, 173-179.

Fromkin, H. L. (1970): *Effects of Experimentally Aroused Feelings of Indistinctiveness Upon Valuation of Scarce and Novel Experiences.* Journal of Personality and Social Psychology, 16, 521-529.

Duval, S. (1976): *Conformity on a Visual Task as a Function of Personal Novelty on Attitudinal*

*Dimensions and Being Reminded of the Object Status of the Self.* Journal of Experimental Social Psychology, 12, 87-98.

Weir, H. B. (1972): *Deprivation of the Need for Uniqueness and Some Variables Moderating its Effects.* Athens: University of Georgia.

Krueger, J. I. (2007): *From Social Projection to Social Behaviour.* European Review of Social Psychology, 18, 1-35.

Scheibehenne, B., Mata, J., Todd, P. M. (2011): *Older but not Wiser—Predicting a Partner's Preferences Gets Worse with Age.* Journal of Consumer Psychology, 21, 184-191.

## 자이가르니크 효과

Zeigarnik, B. (1927): *Das Behalten erledigter und unerledigter Handlungen.* Psychologische Forschung 9, 1-85.

Kiebel, E. M. (2009): *The Effects of Directed Forgetting on Completed and Incompleted Tasks.* Unter: http://course1.winona.edu/CFried/journal/Papers%202009/Liz%20formatted.pdf.

## 사회적 태만

Ringelmann, M. (1913): *Recherches sur les moteurs animés. Travail de l'homme.* In Annales de l'Institut National Agronomique, Reihe 2, Band XII, 1-40.

Kravitz, D. A., Martin, B. (1986): *Ringelmann Rediscovered: The Original Article.* Journal of Personality and Social Psychology, 50, 936-941.

Ingham, A. G., Levinger, G., Graves, J., Peckham, V. (1974): *The Ringelmann Effect: Studies of Group Size and Group Performance.* Journal of Experimental Social Psychology, 10, 371-384.

Oelsnitz, D. von der, Busch, M. W. (2006): *Social Loafing. Leistungsminderung in Teams.* Personalführung, 9, 64-75.

Ohlert, J. (2009): Teamleistung. *Social Loafing in der Vorbereitung auf eine Gruppenaufgabe.* Hamburg: Verlag Dr. Kovac.

Jackson, J. M., Williams, K. D. (1985): *Social Loafing on Difficult Tasks.* Journal of Personality and Social Psychology, 49, 937-942.

## 사회적 촉진

Zajonc, R. B., Heingartner, A., Herman, E. M. (1969): *Social Enhancement and Impairment of Performance in the Cockroach.* Journal of Personality and Social Psychology, 13, 83-92.

Hazel, M. (1978): *The Effect of Mere Presence on Social Facilitation: An Unobtrusive Test.* Journal of Experimental Social Psychology, 14, 389-397.

Thompson, L. F. T., Sebastienelli, J. D. S., Murray, N. P. M.(2009): *Monitoring Online Training Behaviors: Awareness of Electronic Surveillance Hinders E-Learners.* Journal of Applied Social

Psychology, 39, 2191-2212.

## 집단 극화 효과

Stoner, J. A. (1961): *A Comparison of Individual and Group Decision Involving Risk.* Unpublished Master's Thesis, Massachusetts Institute of Technology.

Myers, D. G., Lamm, H. (1975): *The Polarizing Effect of Group Discussion.* American Scientist, 63, 297-303.

Rodrigo, M. F., Ato, M. (2002): *Testing the Group Polarization Hypothesis by Using Logit Models.* European Journal of Social Psychology, 32, 3-18.

Yardi, S., Boyd, D. (2010): *Dynamic Debates: An Analysis of Group Polarization Over Time on Twitter.* Bulletin of Science, Technology and Society, 30, 316-327.

## 맥베스 부인 효과

Zhong, C.-B., Liljenquist, K. (2006): *Washing Away Your Sins: Threatened Morality and Physical Cleansing.* Science, 313, 1451-1452.

Lee, S. W. S., Schwarz, N. (2010): *Dirty Hands and Dirty Mouths: Embodiment of the Moral-Purity Metaphor Is Specific to the Motor Modality Involved in Moral Transgression.* Psychological Science, 21, 1423-1425.

Lee, S. W. S., Schwarz, N. (2010): *Washing Away Postdecisional Dissonance.* Science, 328, 709.

## 공격성 차이 연구

Hess, N. H., Hagen., E. H. (2006): *Sex Differences in Indirect Aggression. Psychological Evidence from Young Adults.* Evolution and Human Behavior, 27, 231-245.

Hess, N., (2006): *Informational Warfare: The Evolution of Female Coalitions and Gossip.* Unter http://itb.biologie.hu-berlin.de/~hagen/papers/Info_warfare.pdf.

McFadyen-Ketchum, S. A., Bates, J. E., Dodge, K. A., Pettit, G. S. (1996): *Patterns of Change in Early Childhood Aggressive-Disruptive Behavior: Gender Differences in Predictions from Early Coercive and Affectionate Mother-Child Interactions.* Child Development, 67, 2417-2433.

## 호손 효과

Aronson, E., Wilson, T. D., Akert, R. M. (2008): *Sozialpsychologie.* 6. Aufl age, München: Pearson Studium. S. 40-44. (Aber auch der Rest des Buches ist sehr empfehlenswert, wenn Sie tiefer einstiegen möchten!)

Roethlisberger, F. J., Dickson, W. J., Wright, H. A. (1966): *Management and the Worker. An Account of a Research Program Conducted by the Western Electric Company. Hawthorne Works, Chicago.* 14. Auflage, Cambridge: Harvard University Press.